꿈으로
돌파하라!

꿈으로 돌파하라!

청소년을 위한 고승덕의 ABCD 성공법

고승덕 지음

개미들출판사

차례

서문 인생은 꿈꾸고 노력하는 대로 만들어진다 Ⅰ 8

1 : 꿈은 인생을 바꾸는 원동력

가슴 뛰는 꿈을 가져라 Ⅰ 14

30년 후의 모습을 그려라 Ⅰ 17

꿈꾸는 데 자격 조건은 없다 Ⅰ 21

자신의 꿈에 당당하라 Ⅰ 27

꿈을 품은 미운 오리 새끼, 백조가 되다 Ⅰ 32

더 높이, 더 멀리, 불가능을 꿈꾸라 Ⅰ 35

포기하지 않는 한 이루지 못할 꿈은 없다 Ⅰ 39

고승덕의 드림레터 꿈을 이루려면 목표에 집중하라 Ⅰ 43

2 : 사는 방법이 운명을 결정한다

나는 어떻게 살고 있는가? ㅣ 48

성적을 올리려면 공부 방법을 바꿔야 한다 ㅣ 51

재미있는 일은 인생에 도움이 되지 않는다 ㅣ 58

긍정적으로 사고하고 적극적으로 행동하라 ㅣ 61

오늘의 노력을 부끄러워하지 마라 ㅣ 68

나름대로 노력하는 것으로는 부족하다 ㅣ 72

고승덕의 드림레터 성공한 사람에게 배워라 ㅣ 77

3 : 생각의 틀을 바꿔야 인생이 달라진다

붕어빵 기계로 국화빵을 만들 수 있을까? ㅣ 82

더 나은 생각의 틀을 선택하라 ㅣ 87

인생에서 중요한 것은 '무엇'이 아니라 '어떻게'이다 ㅣ 90

노력을 아끼면 인생을 망친다 | 95

고통의 터널을 통과하면 성공이 보인다 | 101

남다른 노력이 성공을 부른다 | 107

고승덕의 드림레터 안 되면 바꾸라! 변화가 살 길이다 | 112

4 : 꿈으로 세상을 돌파하라!

꿈은 미래의 것, 마음에 미래를 품어라 | 116

과거의 성공과 실패에서 벗어나라 | 121

실패는 성공으로 가는 디딤돌이다 | 127

지금 인정받으려고 하지 마라 | 132

출발선이 남다르기를 바라지 마라 | 138

공부는 미래를 바꾸는 꿈의 사다리 | 143

고승덕의 드림레터 꿈을 이루는 데는 시간이 걸린다 | 148

5 : 노력은 과학이다

노력은 시간과 집중력의 합작품 ㅣ 154

꿈을 위해 몇 시간을 투자할 것인가? ㅣ 158

시간 관리부를 작성하라 ㅣ 162

우선순위를 정하라 ㅣ 168

나의 강점과 세상의 강점을 읽어라 ㅣ 174

웨이팅 리스트를 준비하라 ㅣ 178

실천 계획을 세워라 ㅣ 182

집중력이 답이다 ㅣ 189

꾸준한 노력이 타고난 재능을 이긴다 ㅣ 194

고승덕의 드림레터 성공을 위한 버전 업 전략 ㅣ 197

추천사 다시 꿈꾸는 것을 가능하게 해 준 내 인생의 멘토 ㅣ 200

인생은 꿈꾸고 노력하는 대로 만들어진다

언젠가 한 텔레비전 광고를 보고 크게 공감한 적이 있습니다. 몽골 제국의 제1대 왕인 칭기즈 칸이 초원에서 말을 달리는 광고였습니다. 무심코 텔레비전 화면을 보다가 "칭기즈 칸, 그에게 열정이 없었다면 한낱 양치기에 불과했을 것이다."라는 카피에 나도 모르게 고개를 끄덕였습니다.

칭기즈 칸은 역사상 전무후무한 대제국을 이룬 왕입니다. 중앙아시아를 평정하고 서양을 정벌해 무려 777만 제곱킬로미터에 달하는 땅을 자신의 지배 아래 두었습니다. 당시 몽골 제국의 영토는 알렉산더 대왕이 정복한 땅의 2배, 나폴레옹이 정복한 땅의 7배에 달했습니다.

미국의《워싱턴 포스트》와《뉴욕 타임스》는 지난 세기 인류 역사에서 가장 중요한 인물로 칭기즈 칸을 꼽은 바 있습니다. 칭기즈 칸이 "사람과 과학의 교류로 지구를 좁게 만들었으며, 세계에 근본적인 변화를 불러왔다."는 것이 선정 이유였습니다. 지금도 많은 이들이 칭기즈 칸의 강력한 리더십과 불굴의 의지, 진취적 기상을 닮고자 노력하고 있습니다.

하지만 인류사에 어마어마한 족적을 남긴 칭기즈 칸의 어린 시절은 결코 평탄치 않았습니다. 아홉 살 때 아버지를 잃은 칭기즈 칸은 가난과 빈곤 속에 자랐습니다. 목숨을 연명하기 위해 들쥐를 잡아먹어야 했을 만큼 형편이 어려웠기 때문에, 글을 읽고 쓰는 법을 배운다는 것은 꿈도 꿀 수 없었습니다. 소년 시절 칭기즈 칸은 먹고살기 위해 전쟁에 나갔다가 뺨에 화살을 맞고 죽다 살아난 적도 있었습니다.

이 불운한 소년이 '우주의 군주'라는 뜻의 칭기즈 칸으로 불릴 수 있었던 것은 오로지 그가 가진 꿈 덕분이었습니다. 칭기즈 칸은 어려서부터 몽골 인들을 하나로 뭉치게 만들겠다는 꿈을 갖고 있었습니다. 그리고 그 꿈을 가슴에 품음으로써 편모슬하의 문맹 소년이 아닌, 역사상 가장 넓은 제국의 주인인 칭기즈 칸이 될 수 있었습니다.

요즘은 꿈이라는 말을 하도 여기저기서 쓰는 통에 식상하게 여기는 사람들이 많습니다. 하지만 나는 지금도 늘 사람들에게 '꿈을 꾸라고', '노력하면 꿈을 이룰 수 있다'고 말합니다. 사인을 부탁받을 때도 꼭 이

름과 함께 '꿈꾸며 노력하면 이루어진다'는 말을 씁니다.

"꿈꾸며 노력하면 이루어진다."

이 말은 오래전부터 나의 한결같은 좌우명입니다. 나는 세상이 아무리 변해도 '우리가 생각하고 말하고 행동하는 대로 인생이 만들어진다는 것'을 믿습니다. 꿈을 갖고 거기에 걸맞은 노력을 하면 시간은 걸릴지언정 반드시 이룰 수 있다는 것을 나 자신이 몸소 경험했기 때문입니다.

이 책은 2011년에 펴낸 『고승덕의 ABCD 성공법』 중 청소년들에게 들려주고 싶은 이야기들만을 따로 묶어 새로이 정리한 것입니다. 2010년 '드림파머스'라는 단체를 만들어 청소년들의 꿈과 미래에 대해 고민하면서 나는 줄곧 청소년들에게 내가 가진 가장 큰 자산인 꿈과 열정을 나눌 방법을 찾아 왔습니다.

지금 우리 사회에는 삶에 대한 의욕과 열정을 잃어버린 채 왜 사는지, 어떻게 살아야 하는지를 몰라 방황하는 청소년들이 많습니다. 나는 그런 청소년들에게 다시 꿈꾸는 법을 알려 주고 싶습니다. 자신만의 꿈을 찾으려면 어떻게 해야 하는지, 그 꿈을 이루려면 어떻게 노력해야 하는지 들려주고 싶습니다.

아마 청소년들이 내게 가장 궁금해하는 것은 하늘의 별 따기보다 어렵다는 사법 시험과 외무 고시, 행정 고시를 어떻게 연달아 합격할 수 있었는지일 것입니다.

나는 머리가 특별히 좋은 편도 아니고 집안이 남달리 부유한 것도 아니었습니다. 그럼에도 숱한 인생의 고비에서 내가 포기하지 않고 늘 새로운 일에 도전할 수 있었던 것은 내게 꿈이 있었기 때문입니다.

인생의 스타트 라인에 선 청소년들에게는 따뜻한 위로만큼이나 구체적이고 현실적인 충고가 필요합니다. 나는 "아파도 된다."거나 "잠시 멈추어도 된다."는 위로 대신, 나의 치열했던 지난 경험들을 바탕으로 "누구나 꿈꾸며 노력하면 더 나은 삶을 살 수 있다."는 희망의 메시지를 들려주고자 합니다. 간절히 꿈꾸고, 절실하게 노력하는 사람은 반드시 원하는 미래를 손에 넣을 수 있음을, 운명을 바꿀 수 있음을 보여주고 싶습니다.

나는 우리나라 청소년 모두가 저마다 빛나는 미래를 꿈꾸고, 그 꿈을 위한 노력을 포기하지 않기를 바랍니다. 이제 막 '꿈 농사'에 나선 청소년들이 꿈의 씨앗을 뿌려 성공이라는 열매를 일구는 데 부디 이 책이 조금이나마 도움이 되기를 바랍니다.

2013년 5월 고승덕

:1

꿈은
인생을 바꾸는
원동력

가슴 뛰는 꿈을 가져라 ● 30년 후의 모습을 그려라 ● 꿈꾸는 데 자격 조건은
없다 ● 자신의 꿈에 당당하라 ● 꿈을 품은 미운 오리 새끼, 백조가 되다 ●
더 높이, 더 멀리, 불가능을 꿈꾸라 ● 포기하지 않는 한 이루지 못할 꿈은 없다

" 가슴 뛰는
꿈을 가져라 "

언젠가 한 학부형이 한숨을 쉬며 말했습니다.

"고등학교에 다니는 아들이 있는데, 공부에 뜻이 없는 것 같아요. 아들에게 '열심히 공부하라.'고 말했더니 도리어 '왜 공부해야 하는데요?' 하고 반문하더라고요."

그는 부족한 것 하나 없는 환경의 아들이 왜 공부를 안 하는지 모르겠다며 답답해했습니다. 나는 그에게 이렇게 말해 주었습니다.

"아들에게 십 년 후 어떤 사람이 되고 싶은지 물어보세요. 아들이 그 질문에 대답할 수 없다면, 공부하라고 말하기 전에 먼저 아들의 꿈을 찾아 주셔야 합니다. 인생을 걸 만한 꿈이 있는 사람은 누가 말하지 않아도 스스로 노력합니다."

꿈이 없는 인생은 노예 생활과 같습니다. 꿈이 없는 사람은 자기 인생의 주인이 되지 못하고, 다른 사람의 말과 생각에 이리저리 끌려 다니면서 살기 쉽습니다. 꿈이 없는 학생은 부모의 성화 때문에 마지못해 학교를 다니고, 꿈이 없는 직장인은 하는 수 없어 일합니다. 더 나은 인생을 살기 위해서가 아니라, 그저 하루하루를 때우기 위해 적당히 공부하고 일하는 것입니다.

많은 사람들이 열심히 살면 성공할 수 있다고, 노력하면 성공을 거머쥘 수 있다고 생각합니다. 하지만 꿈이 없으면 열심히 살 수도 성공을 위한 노력을 기울일 수도 없습니다. 꿈이 없는 사람, 꿈을 잃은 사람은 인생을 길게 보지 못하고 하루 앞만 보고 살아가기 때문입니다. 꿈이 없는 마음은 황폐한 광야와 같아서 치열한 노력을 이끌어 내지 못합니다.

어릴 적 우리는 모두 꿈을 갖고 있었습니다. 하지만 초등학생에서 중학생이 되고, 중학생에서 고등학생이 되는 동안 점점 꿈을 잃고 기계적으로 살아가게 됩니다. 자신의 인생을 스스로 만들어 가지 못하고, 세상의 흐름에 적당히 맡겨 버리는 것입니다. 위대한 삶을 꿈꾸던 아이가 그저 굶지 않기만 바라는 초라한 어른으로 자라는 것이지요.

많은 사람들이 "왜 사는지 모르겠어.", "죽지 못해 산다.", "적당히 살다 죽지 뭐." 같은 말을 아무렇지 않게 합니다. 모두 꿈이 없기에 하는 말입니다. 하지만 이런 말을 습관적으로 하다 보면 인생이 걷잡을 수 없이 망가지게 됩니다. 죽어도 상관없다는 식으로 함부로 말하고 행동하다 보면 아무것도 이룰 수 없을 뿐 아니라, 다른 사람에게 신뢰감을 줄 수도 없습니다.

'죽지 못해 산다'는 말은 '하고 싶은 것이 없다'는 말과 같습니다. 꿈이 있어야, 하고 싶은 것을 찾아야 남과 다른 인생, 남보다 나은 인생을 살 수 있습니다.

성공을 바란다면 반드시 가슴을 뛰게 만드는 꿈을 찾아야 합니다. 꿈은 인생을 의미 있게 살려는 사람에게 없어서는 안 되는 것입니다. 인생을 전부 걸 수 있는 꿈을 찾는 것이야말로 성공을 위한 첫걸음입니다.

" 30년 후의
모습을 그려라 "

오래전 재미있게 본 영화 중에 「백 투 더 퓨처Back to the Future」
라는 공상 과학 영화가 있습니다. 시간 여행을 소재로 한 이 영화
의 주인공 마티는 로큰롤, 스케이트보드, 자동차를 좋아하는 평
범한 고등학생입니다. 평소 친하게 지내던 괴짜 발명가 에메트
브라운 박사가 테러리스트들에게 총을 맞고 위험해지자, 마티는
스포츠카를 개조한 타임머신을 타고 30년 전으로 갑니다. 그리
고 한 패밀리 레스토랑에서 자신의 아버지가 불량배들에게 괴롭
힘당하는 모습을 봅니다. 마티의 아버지는 놀림을 당하고도 아
무 말 하지 못합니다. 그때 답답해하는 마티 대신 레스토랑을 청

소하던 한 흑인 청년이 마티의 아버지에게 말했습니다.

"왜 너는 늘 당하고만 있니? 너도 맞서 싸워야지."

마티는 그 흑인 청년의 얼굴을 물끄러미 바라보다가 이렇게 말합니다.

"당신은 30년 후에 이 시의 시장이 될 거예요."

레스토랑에 있던 사람들은 마티의 말에 콧방귀도 뀌지 않았습니다. 다들 '흑인이 시장은 무슨 시장이냐.'는 표정이지요. 단 한 사람, 흑인 청년만 "멋진데! 내가 시장이라니! 그래, 나는 이 도시의 시장이 될 거야!" 하면서 신나게 청소를 합니다.

당시만 해도 미국은 인종 차별이 심해 흑인은 허드렛일밖에 할 수 없었습니다. 그러니 다들 마티를 정신 나간 사람 쳐다보듯 하는 것도 이해가 되지요. 아무리 마티가 30년 후에 그가 시장이 되는 것을 알고 한 말이라 해도 말입니다.

나는 영화의 이 장면이 꿈이 있는 사람과 꿈이 없는 사람의 차이를 잘 보여 준다고 생각합니다. 꿈에는 한계가 없습니다. 특히 꿈을 이루기 위해 노력해야 할 시간이 많은 청소년들은 무조건 큰 꿈을 가져야 합니다. 젊을수록 꿈을 크게 꾸고, 그 꿈을 이루기 위해 치열하게 노력해야 합니다.

지금 스스로의 꿈이 무엇인지 한 번 자문해 보세요. 답이 금방 떠오른다면 이미 여러분은 꿈을 이루어 가는 중일 것입니다. 하지만 아마 대부분은 꿈이 무엇인지 바로 답할 수 없을 것입니다. 그렇다고 실망하거나 좌절할 필요는 없습니다. 지금부터라도 꿈을 찾으면 되니까요. 언제나 늦었다고 생각하는 순간이 가장 이른 때입니다.

자신의 꿈이 무엇인지 알기 위해서는 혼자서 산책하거나 여행하는 것이 큰 도움이 됩니다. 자신의 내면과 조용히 대화하는 시간을 가지면서 앞으로 어떤 인생을 살고 싶은지, 인생이 어떻게 나아지기를 바라는지, 내가 닮고 싶은 사람은 어떤 사람인지 생각해 보는 것입니다. 10년 후 자신의 모습을 그려 보며 그렇게 살려면 지금 무엇을 해야 할지, 어떤 것을 준비해야 할지 찬찬히 생각해 보는 것도 좋습니다.

하지만 무엇보다 중요한 것은 자신의 꿈에 대해 꾸준히 생각하는 것입니다. 자신의 꿈에 대해 항상 가능성을 열어 놓고 있는 사람은 상상도 못한 곳에서 '이거다!' 하고 꿈과 만날 수 있습니다. 「백 투 더 퓨처」의 흑인 청년처럼 말입니다.

혹시 가정 형편이 좋지 않다고, 친구에 비해 타고난 재능이 부족하다고 꿈꾸는 것을 사치라고 생각하고 있나요? 지레 겁먹고 한번 시도해 보지도 않고 포기한 꿈이 있지는 않나요?

우리가 사는 세상은 빠르게 변하고 있습니다. 식당에서 허드렛일을 하던 흑인 청년이 30년 후 한 도시의 시장이 되는 것이 단지 영화 속 이야기만은 아닙니다. 지금 당장은 가능성이 없어 보이는 일도, 우리가 품은 꿈의 크기와 노력 여하에 따라 얼마든지 현실이 될 수 있습니다.

상상해 보세요. 미래에서 온 누군가가 여러분에게 "30년 후 당신은 ○○○이 될 것입니다."라고 말하는 것을요.

"30년 후 당신은 세계적인 영화감독이 될 것입니다."

"30년 후 당신은 한국에서 가장 큰 회사를 경영할 것입니다."

"30년 후 당신은 한국에서 가장 유명한 소설가가 될 것입니다."

"30년 후 당신은 CNN의 뉴스 앵커가 될 것입니다."

어때요? 생각만 해도 입가에 미소가 절로 지어지지 않나요?

인생을 살다 보면 끝이 보이지 않는 사막에서 어마어마하게 큰 배낭을 메고 행군하고 있는 것처럼 느껴질 때가 있습니다. 그럴 때마다 자신의 30년 후 모습을 그려 보세요. 마치 오아시스에서 시원한 물을 실컷 들이켜고 모래 먼지에 더러워진 몸을 깨끗이 씻어 낸 것처럼, 꿈이 여러분의 노력을 응원해 줄 것입니다.

" 꿈꾸는 데 자격 조건은 없다 "

어느 날 한 고등학생이 찾아와 고민을 털어놓았습니다.

"제 꿈은 변호사가 되는 것입니다. 하지만 집안 형편이 넉넉하지 못해 과외는 꿈도 꿀 수 없습니다. 운 좋게 로스쿨에 합격한다 해도 부모님께서 비싼 학비를 대 주실 수 있을지도 모르겠고요. 이런 생각을 하다 보면 공부를 하려다가도 힘이 빠집니다."

나는 그 학생의 마음을 이해할 수 있었습니다. 40여 년 전, 고등학교에 입학했을 때 나 역시 그런 기분이었으니까요. 나는 그 학생에게 짧게나마 내 이야기를 들려주었습니다.

내가 고등학교에 진학하던 때에는 고교 입시가 있었습니다.

당시 중학생들은 지금보다 더하면 더했지, 결코 덜하지 않은 시험지옥을 겪었습니다.

그 무렵에는 학교 교사들도 과외를 했습니다. 학교에 출근하기 전이나 퇴근한 후에 집에서 학생들을 가르친 것이지요. 명문고로 유명한 경기 고등학교, 서울 고등학교, 경복 고등학교의 유명한 국어, 영어, 수학 교사들에게는 과외를 받으려는 아이들이 줄을 섰습니다.

나는 서울에 있는 경기 고등학교에 진학하는 것이 목표였습니다. 하지만 수도권도 아니고, 생긴 지 얼마 안 된 광주의 신설 중학교를 다니면서 시험 준비를 하기는 쉽지 않았습니다. 시험에 대한 정보를 구할 수도, 어떻게 공부해야 할지도 도무지 알 수 없었습니다.

지방에서도 부잣집 아이들은 주말마다 기차를 타고 유명한 선생님들에게 과외를 받으러 서울에 다녔습니다. 나도 과외를 받고 싶은 마음이 굴뚝같았지만 군의관인 아버지 월급으로 삼촌, 고모들과 같이 지내는 상황에서 차마 말을 꺼낼 수가 없었습니다. 참고서를 사 주시는 것만도 감지덕지해야 했습니다.

엎친 데 덮친 격으로 나는 체육을 잘 못했습니다. 당시 경기 고등학교에 입학하기 위해서는 200점 만점인 연합고사에서 197점

이상을 받아야 했는데, 그중 20점이 체력장 점수였습니다. 체력장에서 점수를 까먹으면 치명적이었지요.

달리 방법이 없었기 때문에 나는 혼자서 죽어라 공부하고 운동했습니다. 좋은 교재를 구할 수 있는 것도, 학원에 다닐 수 있는 것도 아니어서, 남보다 곱절 이상 노력해야 했습니다. 매일 학교 수업이 끝나면 운동장에 남아 1시간씩 턱걸이와 달리기 연습도 했습니다.

그렇게 노력한 결과, 나는 목표했던 경기 고등학교에 합격할 수 있었습니다. 절실하게 바랐고, 그만큼 열심히 노력했기 때문에 원하는 것을 이룰 수 있었던 것입니다.

현재의 처지를 비관해 자포자기한 학생들이 있다면 이렇게 말해 주고 싶습니다. 인생의 성공을 꿈꾼다면, 타고난 조건이나 불우한 환경을 탓하는 대신 지금 할 수 있는 일을 하라고요. 공부를 잘하고 싶으면 "우리 집에 돈이 좀 더 있었다면 훨씬 효과적으로 공부할 수 있을 텐데." 하고 생각하는 대신, 일단 공부를 시작하는 것이 정답입니다.

장담하건대 성공으로 향한 길은 누구에게나 열려 있습니다. 지금 이 자리에서 보면 길이 없는 것처럼 보여도 부지런히 가다 보면 누구나 길을 찾을 수 있습니다.

때로는 불우한 조건을 극복한 사람들이 더 큰 성공을 이루기도 합니다. 미국의 제42대 대통령인 빌 클린턴은 태어나기도 전에 아버지가 교통사고로 사망했습니다. 어머니가 재혼한 뒤 그는 노름꾼에 알코올 중독자인 의붓아버지 밑에서 자랐습니다. 아버지에게 매를 맞는 일도 많았습니다. 그래도 그는 굴하지 않고 열심히 공부했고, 결국 예일 대학교 로스쿨을 졸업한 후 최연소 주지사를 거쳐 대통령이 되었습니다.

재임에 성공한 오바마 대통령 역시 어려운 환경을 극복하고 꿈을 이룬 인물입니다. 케냐 출신의 흑인 아버지와 백인 어머니 사이에서 태어난 오바마는 인도네시아에서 어린 시절을 보냈습니다. 열 살 때 하와이로 돌아와 외할머니 손에 자랐는데, 피부색으로 인한 차별 때문에 한때 마약에 손을 대기도 했습니다. 하지만 불우한 환경 속에서도 꿈을 갖고 노력한 결과, 하버드 대학교 로스쿨을 졸업하고 연방 상원의원을 거쳐 대통령이 되었지요.

미국 사회는 좋은 가정 환경에서 자라 성공한 사람보다 역경을 극복한 사람을 더 높이 평가합니다. 불리한 출발 조건에 가산점을 주는 셈입니다. 몇 년 전 MBC 텔레비전의 「무릎팍 도사」에 골프 선수 신지애가 나온 것을 보며 나는 우리 사회도 곧 그렇게 바뀔 거라고 낙관했습니다.

골프는 집안이 넉넉해야 할 수 있다고 생각하는 사람들이 많지만, 신지애 선수의 아버지는 한 달에 100만 원도 손에 쥐기 힘든 시골 목사였습니다. 초등학교 5학년 때 신지애 선수가 골프를 시작한 후로는 빚이 점점 늘어만 갔습니다.

설상가상 중학교 3학년 때에는 교통사고로 어머니가 세상을 떠나고 동생이 큰 부상을 입었습니다. 신지애 선수는 동생을 돌보면서 1년 정도 병원에서 생활했습니다. 골프 지망생으로서는 모두 최악의 조건이었습니다. 아버지는 어머니의 사망 보험금 중 빚을 갚고 남은 1,700만 원을 딸에게 내놓으며 말했습니다. "네 엄마의 목숨 값이다. 골프 다시 시작해라."

만약 신지애 선수가 넉넉한 집안에서 태어나 여유롭게 골프를 배웠다면 지금처럼 세계 최고의 자리에 오를 수 있었을까요? 신지애 선수에게 골프는 가족을 절망에서 건질 수 있는 유일한 탈출구였습니다. 그녀는 매일 10시간 넘게 연습하며, 한 타 한 타에 최선을 다했습니다. 시합에 나갈 때면 "한 번의 실수로 평생을 후회할 수 있다."는 절박한 각오를 되뇌었습니다.

당장은 주어진 조건이 불리해·보여도 꿈을 갖고 노력하는 사람에게는 아무런 장애가 되지 않습니다. 나 역시 중학교 때는 혼자 공부하는 게 불리하다고 생각했지만, 고시 준비를 하다 보니 그것이 나의 무기임을 알 수 있었습니다. 아직 고시 학원이 없던 시절, 과외를 받거나 학원에 의존해 공부하던 학생들은 혼자 공부하는 것을 힘들어 했습니다. 하지만 나는 이미 혼자 하는 공부에 익숙해 있었지요.

성공에 필요한 것은 돈, 두뇌, 외모 같은 조건이 아니라 얼마나 절실한 꿈을 갖고 있으며, 그 꿈을 이루기 위해 현재의 역경에 어떻게 맞서느냐 하는 것입니다. 역경은 꿈을 이룬 사람들이 들려주는 위대한 이야기의 일부입니다. 잊지 마세요. 사람들이 실패하는 것은 불우한 조건 때문이 아니라, 현재의 처지에 절망해 지레 포기하기 때문입니다.

" 자신의 꿈에
당당하라 "

꿈은 미래를 위한 씨앗입니다. 단지 꿈을 갖는 것만으로는 부족하며, 사랑과 관심을 갖고 크게 키워 나가야 합니다.

꿈을 키워 가는 과정은 누군가를 사랑하는 과정과 비슷합니다. 먼저 인생을 걸고 사랑할 대상으로서 꿈을 찾아야 합니다. 머릿속에 떠올리기만 해도 기분이 좋아지고, 현재의 괴로움을 견딜 수 있는 힘을 주는 그런 꿈을 만나야 합니다.

그렇게 찾은 꿈은 머릿속에 잘 새겨 두어야 합니다. 사랑에 빠지면 끊임없이 상대방을 생각하게 되는 것처럼, 언제 어디서 무슨 일을 하든 꿈을 생각해야 합니다. 사랑하는 사람을 위해 무엇을 하면 좋을까 궁리하듯, 꿈을 이루려면 어떻게 해야 할까 끊임없이 고민해야 합니다.

그렇게 쉬지 않고 꿈을 생각하다 보면 어느 순간 꿈이 구체적인 형상을 띠게 됩니다. 사랑에 빠지면 책을 읽거나 영화를 보다가도 연인의 얼굴을 선명하게 떠올리게 되는데, 꿈도 되풀이해서 생각하다 보면 구체적인 형상으로 나타납니다. 이렇게 꿈이 형상화된 것을 '비전'이라고 합니다.

성공하는 사람은 누구나 비전을 갖고 있습니다. 꿈을 구체적으로 꾸기 때문입니다. 예를 들어 새로운 사업을 꿈꾸는 사람이라면 사업 계획을 손에 잡힐 정도로 구체적이고 생생하게 그릴 수 있어야 합니다. 어떤 순서로 일을 할지, 사업에 필요한 것은 무엇인지 세세하게 파악해야 합니다. 고객의 반응, 일을 하는 과정에서 맞닥뜨리게 될 문제점에 대해서도 예상하고 해결할 수 있는 방법을 생각해 두어야 합니다.

사랑의 과정과 꿈을 키우는 과정 사이의 또 다른 공통점은 다른 사람 앞에 당당히 드러낼 수 있어야 한다는 것입니다. 정말로 누군가를 사랑한다면 당당하게 고백할 수 있어야 합니다. 꿈을 이루고자 하는 사람 역시 자신의 꿈을 떳떳하게 말할 수 있어야 합니다. 꿈이란 아직 현실이 아니므로 자랑할 것까지는 없지만,

말할 기회가 주어지면 주저하지 말고 자신의 꿈에 대해 이야기할 수 있어야 합니다.

간혹 사람들이 그 꿈에 대해 "네가 그런 걸 할 수 있다고?", "학교 공부도 제대로 못 따라가면서 꿈 한번 야무지네.", "우선 공부나 좀 잘해 보지 그래?" 같은 반응을 보이더라도 실망할 필요 없습니다. 인생은 우리가 생각하고 말하고 행동하는 대로 만들어집니다. 꿈을 이야기하고 드러내는 사람만이 꿈을 이룰 수 있습니다.

『구약 성경』에 나오는 요셉은 야곱의 열두 아들 중 열한 번째로, 아버지의 큰 사랑을 받았습니다. 야곱은 부인이 넷이었는데, 특히 요셉의 어머니였던 라헬을 사랑했습니다. 라헬이 요셉의 동생 베냐민을 낳고 죽자, 야곱은 두 형제를 더욱 측은하게 여겼습니다.

하루는 요셉이 형들에게 자신의 꾼 꿈 이야기를 자랑했습니다. "내가 밭에서 곡식의 단을 묶었더니, 내 단은 일어서고 당신들의 단은 둘러서서 내 단에 절하더이다."

그렇잖아도 요셉을 눈엣가시처럼 여기던 형들은 화가 나서 아버지 몰래 동생을 노예 상인에게 팔아 버립니다. 이집트의 한 장군 집에 노예로 팔려 간 요셉은 점차 장군의 신임을 얻습니다. 하지만 장군 부인의 유혹을 거부한 탓에 모함에 빠져 감옥에 갇히게 되지요.

감옥살이를 하던 요셉은 우연히 파라오를 모시는 시종장의 꿈풀이를 하게 됩니다. 이 일을 계기로 나중에 파라오의 꿈풀이를 해 준 요셉은 이집트의 총리 자리에 오릅니다.

얼마 후 가나안 지역에 극심한 가뭄이 들어, 요셉의 형들이 이집트로 식량을 구하러 왔습니다. 자신들이 팔아넘긴 동생 요셉이 총리가 되어 있을 줄은 꿈에도 모른 채 말입니다. 형들은 요셉의 보복을 두려워했지만, 요셉은 형들을 용서하고 그들에게 가축을 키우면서 살 수 있는 땅을 줍니다.

요셉은 형들에게 꿈을 이야기해서 이집트에 노예로 팔려 가는 수난을 겪었지만, 결국은 자신이 꿈꾸고 말한 대로 살았습니다.

다른 사람에게 꿈을 말한다는 것은 스스로에게 당당하다는 뜻입니다. 고시 공부를 하던 시절 나는 책을 투명한 비닐로 쌌습니다. 다른 친구들은 고시 공부하는 티를 내는 것이 창피하다고 종이로 책을 씌웠습니다. 나는 고시 공부한다는 것을 숨기고 싶지 않았습니다. 부끄럽게 생각하지도 않았습니다. 열심히 공부해서 고시에 합격할 수 있다고 믿었기에 당당했습니다. 그렇게 자신의 꿈과 노력을 믿는 사람만이 성공할 수 있습니다.

꿈에 대해 가장 먼저 긍정하는 사람은 바로 자신이어야 합니다. 스스로 자신의 꿈을 확신하고 마음에 각인시켜야 합니다. 혼잣말로 꿈을 다짐하고 각오를 다지며 아침에 일어나서나 잠들기 전에 시간을 정해 두고 기도하듯 꿈을 이야기하면 많은 도움이 됩니다. 책상머리에 꿈을 써 붙이는 것도 효과적입니다.

꿈을 꾸고, 꿈을 말하고, 꿈에 맞는 노력을 하면 누구나 꿈을 이룰 수 있습니다. 그것이 우리 인생의 비밀이자 기적입니다.

"꿈을 품은
미운 오리 새끼,
백조가 되다 "

안데르센의 동화 「미운 오리 새끼」는 생김새가 다르다는 이유로 차별과 따돌림을 당하는 미운 오리 새끼의 이야기입니다. 오리들은 유난히 털이 거칠고 못생긴 미운 오리 새끼를 철저히 따돌립니다. 따돌림을 견디다 못해 고향을 떠난 미운 오리 새끼는 온갖 고초를 다 겪습니다. 오리들에게 쪼이고 닭에게 맞고 굶주림에 시달리지요.

춥고 배고픈 겨울이 지나고 봄이 오자 미운 오리 새끼는 예전의 연못으로 돌아옵니다. 그리고 겨우내 펴지 않아 근질거리는 날개를 펼쳤습니다. 그 순간 못생기고 더러운 털의 미운 오리 새끼는 사라지고 눈부시게 하얀 깃털의 아름다운 백조가 나타났습니다. 다른 오리들은 백조가 된 미운 오리 새끼의 눈부신 비상을 부러운 눈으로 지켜보지요.

어쩌면 지금 여러분은 백조로 변신하기 전의 미운 오리 새끼인지도 모릅니다. 여러분이 그것을 깨닫느냐, 못 깨닫느냐에 따라 미운 오리 새끼로 남을 수도 있고, 백조로 변신할 수도 있습니다.

미운 오리 새끼의 변신은 '혹 내가 미운 오리 새끼는 아닐까?', '백조라는 나의 본질을 찾으려면 어떻게 해야 할까?' 하는 고민에서 출발합니다. 흔히 청소년기에 다양한 경험을 해야 한다고 말하는데, 그것이 자신의 정체성을 찾는 시작이기 때문입니다.

미운 오리 새끼가 우연한 날갯짓으로 백조라는 자신의 정체성을 발견한 것처럼, 여러분도 아무 생각 없이 한 취미 활동이나 경험에서 꿈을 발견할 수 있습니다. 운동을 하거나 방과 후 활동을 하다가, 혹은 유명한 사람의 강연을 듣다가 갑자기 자신이 오리 무리 속의 백조가 된 듯한 기분을 느낀 적이 있다면 인생을 걸 꿈을 찾은 것인지도 모릅니다.

피겨 퀸으로 불리는 김연아 선수는 어린 시절 언니와 함께 스케이트장에 놀러 간 것이 계기가 되어 스케이트를 배우게 되었다고 합니다. 한 인터뷰에서 김연아 선수는 "다른 학생들은 어려워하는 동작을 나는 너무나 쉽게 할 수 있어서 이상하게 생각했습니다."라고 말했습니다. 바로 그때가 김연아 선수가 자신이 백조임을 알게 된 순간이었을 것입니다. 만일 어린 시절 스케이트를 타는 경험을 하지 않았다면 김연아 선수가 오늘날처럼 세계적인 피겨스케이팅 선수가 될 수 있었을까요?

2012년 런던 올림픽에서 사격으로 금메달을 딴 김장미 선수도 비슷한 경우입니다. 김장미 선수는 2005년 사격에 입문했고, 금메달을 딴 25미터 권총에 입문한 지는 겨우 3년밖에 안 됐습니다. 올림픽 금메달리스트들은 어린 시절부터 십수 년간 노력하는 것이 보통이지만, 김장미 선수처럼 불과 몇 년 만에 금메달을 따는 놀라운 성과를 올리는 사람들도 있습니다. 바로 자신이 어떤 분야에서 백조가 될 수 있는지를 아는 사람들입니다.

자신의 현재 모습에 낙담하지 않고, 주변의 냉대와 차별 속에서도 꿈을 이루고자 노력하는 사람들은 반드시 자신의 진정한 본질을 발견해 가치를 인정받을 수 있습니다. 지금 여러분은 날개를 펼치기 전의 미운 오리 새끼입니다. 꿈이 여러분에게 백조로서의 새로운 삶을 열어 줄 것입니다.

"더 높이, 더 멀리, 불가능을 꿈꾸라"

리처드 바크가 쓴 『갈매기의 꿈』이란 작품을 읽어 본 적이 있나요? 이 책의 주인공인 조나단 리빙스턴은 남다른 꿈을 갖고 살아가는 갈매기입니다. 다른 갈매기들에게 하늘을 나는 일이 단순히 생존에 필요한 먹이를 구하는 수단인 데 반해, 조나단에게는 인생을 건 꿈입니다.

조나단이 속한 갈매기 무리는 선창가의 고깃배 주위를 날면서 항구를 오가는 배와 사람들이 왁자지껄 떠드는 모양을 구경하다가, 배가 고프면 쓰레기더미를 뒤져 배를 채웁니다. 이들의 유일한 관심사는 기름진 먹이와 괜찮은 쉴 곳을 찾는 것입니다.

어느 날 조나단은 자신이 썩은 생선과 쓰레기 더미를 뒤지는 다른 갈매기와 다르지 않다는 것을 깨닫고 절망합니다. 그리고 '이렇게 의미 없이 하루하루를 살 수는 없어. 세상을 살아가는 다른 이유는 없을까?' 고민하기 시작합니다.

조나단은 자신이 하고 싶은 일, 잘할 수 있는 일을 찾습니다. 그리고 자신이 날아오르는 것 그 자체를 사랑한다는 것을 깨닫습니다. 조나단은 하늘을 나는 이유가 먹이를 구하는 것보다 더 숭고한 무언가일 것이라고 생각합니다. 높이 날아오를수록 벅찬 감동을 불러일으키는 까마득한 수평선, 부서지는 파도, 떠오르는 태양과 석양에 물든 하늘을 볼 수 있었기 때문입니다.

그때부터 조나단은 더 높이, 더 멀리 날아오르기 위한 연습을 시작합니다. 아무도 조나단에게 그래야 한다고 말하지 않았지만 조나단은 매일 아침 일찍 일어나 어제보다 더 높이, 그리고 더 멀리 날기 위해 노력했습니다.

다른 갈매기들은 조나단을 비웃었습니다. 더 높이 날아 봤자 먹이가 떨어지는 것도 아니고, 더 멀리 간다고 누가 상을 주는 것도 아닌데 왜 그런 고생을 하느냐는 것이었지요. 하지만 이미 조나단은 하루하루 쓰레기통이나 뒤지면서 사는 것보다 훨씬 넓고 근사한 세상이 있다는 것을 알고 있었습니다. '높이 나는 갈매기가 더 멀리 본다'는 진리를 경험한 것이지요.

더 높이, 더 멀리 날게 된 덕분에 조나단은 멋진 무인도를 발견해 새로운 세상을 개척할 수도, 사람들이 버리는 쓰레기 대신 더 풍부하고 신선한 먹잇감이 있는 곳으로 동료들을 안내하는 지도자가 될 수도 있게 되었습니다. '높이 날겠다는 꿈'이 조나단을 더 큰 세상으로 안내한 것입니다.

더 나은 미래를 꿈꾸는 사람은 '조나단의 꿈'을 생각해 볼 필요가 있습니다. 꿈을 위해 노력하는 사람에게 한계는 없습니다. 적당히 하루를 보내는 사람에게 내일은 오늘과 다를 바 없을 것입니다. 하지만 적당히 살고자 하는 타성에서 벗어나서 배우고, 발견하고, 나아지고자 하는 사람들의 내일은 오늘과는 완전히 다릅니다.

어린아이가 올림픽에서 금메달을 따겠다는 꿈을 이야기하면, 대수롭지 않게 여기거나 허무맹랑한 이야기라며 흘려듣기 쉽습니다. 우리나라에서 한 번도 금메달이 나온 적이 없는 피겨스케이팅, 수영, 체조 같은 분야에서 금메달을 따겠다고 하면 더욱 그렇겠지요. 마치 조나단을 비웃는 다른 갈매기들처럼요.

하지만 불가능한 일을 가능하게 만든 것은 언제나 큰 꿈을 꾸기를 두려워하지 않았던 사람들입니다. 지금 현실에 급급해 하루하루를 살아가고 있다면, 하루 빨리 더 큰 삶의 이유를 찾아 자신의 한계를 뛰어넘어야 합니다.

조나단은 다른 갈매기들과 달리 남다른 비전과 실행력으로 자신의 꿈을 성취했습니다. 남들과 같은 길을 가는 대신 자신이 좋아하는 것을 찾아 꾸준히 노력함으로써 아무도 가지 못한 길을 개척한 것입니다.

여러분이 자유롭지 못한 것은 세상이 여러분을 구속해서가 아니라, 여러분 스스로 할 수 없다고 믿고 있기 때문인지도 모릅니다. 평소에 여러분은 '자존심'이란 말을 많이 쓸 겁니다. 친구들이 무시했다고, 선생님이 알아주지 않는다고, 부모님이 몰라준다고 다시는 보지 않을 것처럼 화를 내고 토라집니다. 그런데 여러분 자신은 스스로를 무시하고 있지 않은가요? '내가 그렇게 대단한 일을 할 수 있겠어?', '나 따위가 무슨 노벨상이야?'

자신의 꿈을 무시하는 것은 스스로 자존심을 뭉개 버리는 것입니다. 스스로 더 높이 날 수 있다고, 더 멀리 날 수 있다고 믿지 않는 사람을 존중해 줄 사람은 아무도 없습니다. 다른 사람들에게 자존심을 내세우기 전에 먼저 자신의 꿈을 존중하세요. 그래야 다른 이들도 여러분을, 여러분의 꿈을 존중할 것입니다.

" 포기하지 않는 한
이루지 못할 꿈은 없다 "

　칠흑처럼 캄캄한 밤, 높은 파도가 이는 바다에 작은 고기잡이 배 한 척이 물살을 헤치며 항해하고 있는 모습을 상상해 봅시다. 모진 풍랑에 항로를 잃은 데다, 계기판마저 고장 난 상황입니다. 선원들은 저마다 걱정스런 얼굴로 중얼거립니다.

　"배가 제대로 움직이지도 못하는 상황에, 큰 파도라도 밀려오면 어쩌지?"

　"한 치 앞도 안 보이는데……. 파도가 덮치면 우리 배처럼 작은 배는 금방 부서져 버릴 거야."

　"연료도 떨어졌고 식량도 얼마 없는데……."

선장은 굳게 입술을 다물고 선원들은 우왕좌왕하며 한숨만 내쉬었습니다.

그때였습니다.

"저기, 불빛 아니야?"

"어디, 어디?"

한 선원이 가리키는 곳을 보니 멀리서 보일락 말락 희미한 불빛이 깜빡였습니다.

"등대다!"

누군가의 외침에 배 안의 모든 사람들이 일제히 "살았다!"고 소리쳤습니다.

선원들은 힘차게 노를 저었습니다. 방금 전까지 절망에 가득 차서 불안에 떨던 사람들이라고는 믿어지지 않았습니다.

우리 인생에서 꿈은 캄캄한 바다에서 난파선의 선원들이 발견한 불빛과 같은 존재입니다. 우리가 나아갈 방향을 비추어 주고, 목표까지 지치지 않고 갈 수 있도록 이끌어 줍니다.

한 강연에서 이 이야기를 들려주었더니 어떤 학생이 이렇게 질문했습니다.

"만약 그 선원들이 등대의 불빛을 보지 못할 만큼 먼 바다에서 헤매고 있었다면요? 등대의 불빛을 볼 수 없는 먼 바다에 있는 것처럼 막막하고 힘든 상황에 있는 사람들은 어떻게 꿈을 발견할 수 있나요?"

고개를 끄덕이게 하는 질문입니다. 어쩌면 요즘 많은 청소년들이 처해 있는 상황이 등대의 불빛이 닿지 않을 만큼 먼 바다를 항해하는 것과 같을지도 모릅니다. 집단 따돌림, 학교 폭력, 과중한 학업 스트레스 등 청소년들이 스스로를 캄캄한 밤에 고장 난 난파선의 노를 젓는 선원이라고 생각하는 것도 무리는 아닙니다.

내가 말해 줄 수 있는 것은 단 한 가지뿐입니다. 누구에게도 '갑자기' 희망의 불빛이 나타나지는 않는다는 것입니다. 희망은 노력하는 사람에게 주어지는 이정표 같은 것입니다. 꿈을 좇아 노력하는 중에 '조금만 더 하면 목표에 도달할 수 있다'는 확신을 심어 주는 이정표가 희망입니다. 그 이정표를 만나기까지는 힘든 노력의 시간이 있어야 합니다.

난파선의 선원들이 등대의 불빛을 발견할 수 있었던 것은 그들이 그곳까지 힘겹게 배를 저어 왔기 때문입니다. 살아남기 위해 험한 파도에도 포기하지 않고 필사의 힘을 다해 노를 저은 덕분에 등대의 불빛을 발견할 수 있었던 것입니다.

혹시 지금 갑작스러운 풍랑을 만나 난파된 배에 있는 기분인

가요? 아무리 공부해도 성적은 오르지 않고, 부모님과 가족들은 나를 이해하지 못하고, 친구들에게는 따돌림당하는 것처럼 느껴지나요? 하지만 그건 여러분만의 걱정거리가 아니라, 이 땅에 사는 모든 청소년들의 이야기입니다. 혼자만 어두운 밤 캄캄한 바다를 헤치고 간다고 생각하지 말고, 등대의 불빛을 발견하기 위해 조금만 더 팔에 힘을 주어 노를 저어 보기 바랍니다. 어쩌면 지금부터 열 번만 더 노를 저어 가면 희망의 불빛을 발견하게 될지 모릅니다. 잊지 마세요. 새벽이 가까울 때 밤은 가장 어둡습니다.

꿈을 이루려면
목표에 집중하라

　　꿈과 목표는 언뜻 비슷해 보이지만 전혀 다릅니다. 꿈은 상상만 해도 즐겁지만, 목표는 생각하는 것만으로도 우리의 마음을 옥죄어 오지요. 그래서 많은 사람들이 먼 미래의 꿈만 그리며, 당장의 목표는 외면하거나 소홀히 하는 일이 많습니다.

　　하지만 최종 목적지인 꿈에 도달하기 위해서는 중간 경유지인 목표를 결코 무시해서는 안 됩니다. 서울에서 강릉에 가려면 강릉에 대해 생각할 것이 아니라, 강릉까지 어느 길로 갈 것인지를 생각해야 합니다. 강릉만 생각하다가는 고속 도로 타는 곳을 놓치거나, 길을 잘못 들어 한참을 헤매게 될 수 있습니다.

　　우리의 인생도 마찬가지입니다. 꿈을 이루려면 목표를 설정하고, 그 목표를 달성하기 위해 꾸준히 노력해야 합니다. 그런데 우리 주변에는 꿈만 중요시하고, 목표를 회피하는 사람이 적지 않습니다.

　　사법 시험을 준비 중인 딸을 둔 부모가 있었습니다. 아버지는 딸이 검사가 되기를 바랐고, 어머니는 판사가 되기를 바랐습니다. 부모는 서로 이유를 내세우면서 자기주장을 굽히지 않았습니다. 나중에는 부부 사이가 서먹해질 정도였습니다. 하지만 몇 번의 도전에도 딸은 시험에 합격하지 못했고, 결국에는 시험을 포기했습니다. 이 경우, 법조인이 되는 게 꿈이라면 고시 합격은 당면한 목표입니다. 꿈은 당면한 목표를 무시하고는 절대 이룰 수 없습니다. 괜히 부부싸움만 벌인 셈입니다.

나도 한때 먼 앞날의 꿈만 생각하고 당장의 목표를 무시하다가 인생을 망칠 뻔한 일이 있습니다. 고등학교에 입학했을 때 나는 수학 공부를 소홀히 했습니다. 내 꿈은 판사가 되는 것이었고, 법률가에게 수학은 불필요한 것이라고 생각했기 때문입니다. 그 결과 고등학교 2학년 때 치른 첫 번째 수학 시험에서 나는 낙제 점수를 받았습니다. 판사에게는 수학이 필요 없는지 몰라도, 당장 법대를 가기 위해서는 수학 공부를 해야 한다는 사실을 무시한 결과였습니다.

꿈을 이루고자 하는 사람은 누구나 당면한 목표를 잘 파악해야 합니다. 목표 없이 꾸는 꿈은 망상에 불과합니다. 혼자 바라보고 좋아하는 것으로는 꿈을 내 것으로 만들 수 없습니다.

꿈을 위한 목표는 구체적이어야 합니다. 막연한 목표는 먼 길을 갈 때 대충 방향만 파악하고 출발하는 것과 같습니다. 목표를 구체적으로 세우고 집중해야 계획했던 지점에 정확히 도달할 수 있습니다. 궁수가 화살이 날아갈 방향을 막연히 바라보는 것만으로는 결코 화살을 과녁에 맞힐 수 없는 것과 같습니다.

또 목표를 세운 뒤에는 검증을 게을리해서는 안 됩니다. 이 목표가 꿈을 이루는 데 효율적인지, 더 나은 목표는 없는지 따져 봐야 합니다. 현재 자신이 있는 위치에서 어떤 목표를 선택하는 것이 시간과 노력 대비 효율적인지를 꼭 따져 봐야 합니다. 목표가 꿈을 이루는 데 부족함은 없는지, 꿈을 이루는 데 무엇이 더 필요한지도 꼼꼼히 따져야 합니다.

꿈은 목표 달성을 통해서만 이룰 수 있습니다. 목표를 제대로 설정하고 집중해야 꿈을 내 손안에 거머쥘 수 있습니다. 힘든 목표에 도전하지 않는 꿈은 망상으로 끝나기 십상이라는 것을 결코 잊어서는 안 됩니다.

사는 방법이
운명을
결정한다

나는 어떻게 살고 있는가? ● 성적을 올리려면 공부 방법을 바꿔야 한다 ● 재미있는 일은 인생에 도움이 되지 않는다 ● 긍정적으로 사고하고 적극적으로 행동하라 ● 오늘의 노력을 부끄러워하지 마라 ● 나름대로 노력하는 것으로는 부족하다

"나는
어떻게 살고 있는가?"

성공하려면 꿈이 있어야 합니다. 하지만 꿈은 결코 저절로 이루어지지 않습니다. 동화 속 주인공들은 백마 탄 왕자를 꿈꾸면 되지만, 현실은 다릅니다. 꿈을 현실로 이루기 위해서는 목표를 세우고 치열하게 노력하는 과정을 거쳐야 합니다.

나는 '사는 방법이 운명을 결정한다'고 믿습니다. 우리가 인생을 살아가는 방법은 학창 시절의 성적은 물론 대인 관계, 직장 생활, 사업의 성패 등 모든 것을 결정합니다. 우리가 생각하고 말하고 행동하는 것이 쌓여서 우리의 운명을 만드는 것입니다.

사는 방법이 중요한 것은 그것이 우리가 인생을 살아가는 모습 그 자체이기 때문입니다. 사람은 타고난 조건이나 주위 환경으로 만들어지는 존재가 아니라, 스스로 운명을 만들어 가는 존재입니다. 외부 요인보다는 자기 창조적인 노력이 성공의 원동력입니다.

나는 사람들이 사는 방법을 A-B-C-D 네 가지 등급으로 구분합니다. 사람이 하는 일에는 귀천이 없지만 사는 방법에는 객관적인 등급이 있습니다. 시키는 일을 억지로 하는 사람과 스스로 알아서 하는 사람 사이에는 분명한 차이가 있기 때문입니다.

A(Ace)급은 스스로 꿈을 찾고 그 꿈을 이룰 수 있는 방법을 끊임없이 탐구하는 사람입니다. B(Better)급은 스스로 목표를 설정하지는 않지만 주어진 일에 대해서는 최선을 다하는 사람입니다. C(Common)급은 시키는 일만 꼬박꼬박 하는 사람이고, D(Drop)급은 시키는 일도 마지못해 하는 사람입니다.

더 나은 인생을 살고 싶다면 먼저 지금 자신이 어떻게 살고 있는지를 깨달아야 합니다. 그리고 사는 방법을 바꾸기 위해 노력해야 합니다. 선택하고 선택당하는 세상 속에서 우리가 선택할 수 있는 것은 인생을 살아가는 방법뿐입니다.

같은 학교에서 공부하거나, 같은 직장에서 근무한다고 해서 모두 같은 미래를 누리는 것은 아닙니다. 열악한 환경을 극복하고 꿈을 이루는 사람이 있는가 하면, 좋은 부모 밑에서 부족함 없이 자라고도 인생을 망치는 사람이 있습니다. 어떻게 사느냐에 따라 지금과는 전혀 다른 인생을 살 수 있는 것입니다.

어떻게 살 것인지를 선택하는 것은 자신의 운명을 선택하는 것이나 마찬가지입니다. 운명은 타고나는 것이 아닙니다. 사는 방법을 바꾸면 언제라도 운명을 바꿀 수 있습니다.

" 성적을 올리려면 공부 방법을 바꿔야 한다 "

사는 모습을 보면 인생이 보이는 것처럼, 공부하는 모습을 보면 성적이 보입니다. 성적은 지능이나 가정 환경 같은 타고난 조건에 의해 정해지는 것이 아니라, 공부의 양에 따라 달라집니다. 그리고 이 공부의 양을 결정하는 것이 바로 공부하는 모습, 공부하는 방법입니다.

공부하는 방법에도 A-B-C-D 등급이 있습니다. A급으로 공부하는 학생은 최상위권에 들겠지만, D급으로 공부하면 하위권에서 맴돌 수밖에 없습니다. 공부를 잘하려면 먼저 공부 방법의 등급을 올려야 합니다.

A급

시키지 않아도 '알아서' 하는 타입입니다. 스스로 할 일을 찾으며, 누가 시키기를 기다리지 않습니다. 인생의 꿈과 목표를 찾아 자신에게 맞는 방법과 수단을 계발해 노력합니다.

A급 사람은 무슨 일이든 준비하고 계획하는 습관이 있어 허둥지둥하는 일이 없습니다. 가족, 선생님, 친구들이 부탁하기 전에 상대방이 원하는 것이 무엇인지 미리 생각하고 있는 경우가 많습니다. 현실의 벽에 부딪히더라도 쉽게 단념하지 않으며, 세상에 존재하지 않는 것도 필요하면 만들어 낼 수 있다고 생각합니다.

A급 학생은 스스로 알아서 공부합니다. 학습 방법뿐 아니라 진로에 있어서도 자기 주도적입니다. 어떻게 하면 좋은 성적을 낼 수 있을지 고민하고, 어느 학교의 어떤 학과로 진학해야 꿈을 이룰 수 있을지 생각합니다.

공부 계획도 스스로 세웁니다. 시험까지 남은 시간과 공부할 양을 따져 보고 매일 공부해야 할 분량을 계산해서 꾸준히 해 나갑니다.

뿐만 아니라 시험 문제가 어떻게 나오는지 분석하고, 그것에 대비하려면 어떻게 공부해야 하는지도 궁리합니다. 기출 문제를 풀어 보면서 출제자의 의도와 출제 방향을 파악하기 위해 애쓰기도 합니다. 책상을 떠난 후에도 좀 더 효율적으로 공부하는 법을 고민하며, 시험 준비에 부족한 부분은 없는지 확인합니다.

B급

B급 사람은 지시를 내리는 사람이 원하는 것이 무엇인지 파악하고 그대로 하려고 노력하는 사람입니다. 어떤 일이 불가능하다고 말하는 대신 가능한 방법을 찾고, 항상 더 나은 결과를 만들기 위해 노력합니다. 지시하는 사람이 원하는 결과를 말해 주면, 그 결과를 이끌어 내기 위한 방법과 수단을 스스로 궁리하며, 지시 사항에 빠진 것이 있을 때는 앞뒤 상황을 살펴 문제가 되지 않도록 알아서 처리합니다.

B급 학생은 부모님이나 선생님의 말을 건성으로 듣는 일이 없습니다. 책에 쓰인 내용이 무슨 의미인지 이해하려고 노력하며, 수업 시간에 잘 모르는 것이 있으면 그냥 넘어가지 않고 친구나 선생님에게 물어봅니다. 공부하다가 어려운 부분이 있을 때도 표시해 두었다가 꼭 다시 읽고 이해하려고 노력합니다. 열심히 공부하고자 하는 의지가 있고, 어차피 해야 하는 공부라면 꾸물거릴 필요 없다고 생각해서 집중력도 좋은 편입니다.

C급

전형적인 '보통' 사람입니다. 시키는 일은 '꼬박꼬박' 하지만, 그 이상은 안 합니다. 한 마디로 불이 나도 불을 끄라고 시키지 않으면 못 본 척하는 것이 C급 사람입니다.

C급 사람에게 어떤 일을 시키면 자기가 해야 하는 일인지 따져 묻는 일이 많습니다. "내가 할 일이 아니거든요.", "내가 안 했거든요." 같은 말을 자주 하고, 평소 시키지 않던 일을 시키면 짜증을 내기도 합니다.

C급 사람은 언뜻 성실한 타입으로 보입니다. 일을 시키면 미적거리지 않고 바로 하기 때문입니다. 하지만 의무감에서 소극적으로 하는 것일 뿐, 더 잘하려는 의욕이 없고 더 나은 방법을 고민하지도 않습니다. 그래서 일을 시키는 사람이 조금만 방심하면 사고가 터지기 일쑤입니다. 일을 시킬 때 하나라도 지시를 빠뜨리면 그 부분은 하지 않기 때문입니다.

C급 사람은 지시에서 빠진 부분이 무엇인지 알아도, 또 그게 문제가 될 수 있다고 생각해도 바로잡으려 하지 않습니다. 잘못을 고치는 것이 번거로운 데다, 설사 일이 잘못되더라도 그것은 일을 시킨 사람 탓이지, 자기 책임은 아니라고 생각하기 때문입니다.

C급 사람 중에는 회사에서 시키는 대로 성실하게 일했는데 알아주지 않는다고 억울해하는 경우가 많습니다. 하지만 적극적으로 일하지 않고 시키는 일만 하는 직원을 믿음직하게 생각할 회사는 없습니다.

공부를 할 때도 마찬가지입니다. C급 학생은 부모님이 공부하라고 하면 그 즉시 책상에 앉습니다. 부모님의 눈을 피해 놀러 가거나, 공부하라는 말이 듣기 싫다고 대드는 경우는 거의 없습니다. 하지만 공부에 대한 의욕이나 열의가 있어서 그런 것은 아닙니다. 그래서 '하라고 한' 공부를 다 한 다음에는 아무리 성적 향상에 도움이 되는 참고서나 문제집이 있어도 관심을 두지 않습니다. 왜 공부해야 하는지에 대해 생각해 본 적이 없기 때문에 부모님이나 선생님이 시키는 공부만 할 뿐, 그 이상은 노력하지 않는 것입니다. 실제로 C급 사람들 중에는 나이를 먹어서도 부모가 일일이 잔소리하고 신경 쓰지 않으면 스스로 공부하지 못하는 사람들이 많습니다.

D급

D급 사람은 '마지못해', '할 수 없이' 하는 사람입니다. 꿈도 목표도 없이 그저 적당히 살면 된다고 생각합니다.

D급 사람에게 일을 시키면 단번에 움직이는 법이 없습니다. 같은 말을 두세 번 해야 겨우 자리에서 일어납니다. 일을 제대로 하려는 생각은 애당초 없고, 일을 안 해도 될 핑계를 찾거나 되도록 일을 적게 하려고 잔머리를 굴립니다. 누군가 조금만 힘든 일을 시키면 바로 얼굴이 굳고 태도에서 짜증을 보입니다.

D급 학생은 공부하는 척이 몸에 배어 있습니다. 공부를 하고 싶지는 않지만, 부모님의 잔소리를 피하기 위해 어쩔 수 없이 책상 앞에 앉습니다. 그래서 머릿속으로는 다른 생각을 하면서 적당히 시간을 때웁니다. 부모님의 눈을 피해 게임을 하거나 친구들과 문자 메시지를 주고받다가 핸드폰을 압수당하면 그제야 겨우 공부하는 시늉을 하는 식입니다.

D급 학생 중에도 머리가 좋은 학생들이 더러 있습니다. 하지만 노력의 결과는 정직합니다. 요행으로 한두 번은 시험을 잘 볼 수도 있겠지만 공부를 제대로 하지 않고 계속 좋은 성적을 얻을 수는 없습니다.

나는 대학 시절 3년 만에 행정 고시 수석, 외무 고시 차석, 사법 시험 최연소 합격이라는 기록을 남겼습니다. 하지만 그건 내가 천재여서가 아니라 A급 학생이었기 때문입니다.

내가 이력을 늘어놓은 것도 자랑하기 위해서가 아니라, 누구나 노력하면 그렇게 할 수 있다는 사실을 말하고 싶어서입니다. 나는 특별히 머리가 좋은 편이 아닙니다. 내가 제일 듣기 싫은 것도 '천재'라는 말입니다.

고등학교 1학년 때 내 성적은 반에서 중간에도 못 들었습니다. 고등학교 2학년 때는 반 전체 60명 중에 56등을 한 적도 있습니다. 그럼에도 내가 성적을 올릴 수 있었던 것은 머리가 좋아서가 아니라, 치열하게 노력했기 때문입니다. 나는 학교에서 가르치는 것뿐 아니라 내 스스로 부족한 부분을 찾아서 공부했고, 공부 방법도 스스로 궁리했습니다. '공부는 무식하게 그저 하는 것'이라고 생각할지 모르지만, 공부를 잘하는 학생들의 가장 큰 특징 중 하나는 자신에게 맞는 공부법을 아는 것입니다.

그동안 나는 나보다 기억력이나 이해력이 좋은 사람을 숱하게 봤습니다. 하지만 내가 그들보다 못한 인생을 살았다고 생각하지는 않습니다. 나는 머리보다 몸을 던지는 처절한 노력으로 공부하고 노력했으며, 덕분에 남들과 다른 삶을 살 수 있었습니다.

공부를 잘하고 싶다면 공부 방법부터 바꾸어야 합니다. A급으로 공부해야 성적도 A급이 될 수 있습니다.

" 재미있는 일은
인생에 도움이 되지
않는다 "

공부를 게을리하는 학생에게 왜 공부를 하지 않느냐고 물어보면 "공부가 재미없다.", "공부가 싫다."고 대답합니다. 또 공부에 마음을 붙이지 못하는 자식을 둔 부모님들은 "우리 아이가 제발 공부에 흥미를 가졌으면 좋겠어요."라고 말합니다.

그렇다면 공부를 잘하는 학생들은 공부가 재미있을까요? 공부는 누구에게는 재미있고, 누구에게는 재미없는 것일까요?

공부 잘하는 학생들에 대한 오해 중 하나가 공부가 재미있어서 열심히 한다고 생각하는 것입니다. 하지만 내 경험을 돌아보건대 공부는 누구에게나 재미없고 지루하며 힘든 것입니다.

공부를 잘하려면 먼저 '재미있어야 공부하겠다'는 생각부터 버려야 합니다. 결과에 대한 부담 없이, 좋아하는 분야를 골라서 하고 싶은 만큼만 공부하라고 하면 아무도 공부를 싫어하지 않을 것입니다. 하지만 공부는 취미 활동이 아닙니다. 당연히 재미있지도, 즐겁지도 않습니다.

본래 모든 노력은 좋아서 하는 게 아니라, 괴롭고 힘듦에도 꿈을 이루기 위해 참고 하는 것입니다. 나도 예외가 아니었습니다. 내가 고시에 연달아 합격하자, 사람들은 내가 공부를 좋아한다고 생각했습니다. 취미가 공부라는 식으로 말하는 사람들도 있었습니다. 하지만 나만큼 공부를 싫어했던 사람도 드물 것입니다. 한때 나는 공부가 죽도록 싫었고, 재미없는 고시 공부를 할 때는 진이 빠질 만큼 괴로웠습니다.

나이가 들면서 나는 '재미있으면서 인생에 도움이 되는 일'은 없다는 것을 깨달았습니다. 다른 사람의 기준에서 내 인생을 돌아보면 재미없는 일의 연속일지도 모릅니다. 나는 20대 초반은 고시 공부에 바쳤고, 20대 후반부터 30대 초반까지는 미국의 3대 로스쿨인 예일 대학교와 하버드 대학교, 컬럼비아 대학교에서 법학을 공부하면서 보냈습니다. 40대 중반에도 금융 전문가가 되기 위해 펀드 매니저 시험을 준비했습니다. 그 모든 과정이 재미있고 즐거웠을 리 없습니다. 하지만 재미없고 힘들었던 그 시간들 덕분에 나는 꿈을 실현하고 성공을 손에 쥘 수 있었습니다.

몸에 좋은 약이 입에 쓴 것처럼, 인생에 도움이 되는 일은 십중팔구 재미가 없습니다. 그러니 재미있어야 열심히 하겠다는 생각은 당장의 게으름을 정당화하기 위한 핑계에 불과합니다. '재미있으면서 인생에 도움이 되는 일'이라는 조건은 현실에서는 찾기 어렵습니다. 저런 단서를 붙인다는 것은 노력하지 않겠다는 말에 다름 아닙니다.

마라톤을 할 때는 완주라는 즐거움을 향해 달려야지, 코스 중간에 보이는 풍경이나 사람들을 보는 데서 재미를 찾아서는 안 됩니다. 인생은 재미로 사는 것이 아닙니다. 이루고자 하는 꿈이 있다면, 노력하는 과정에서 잔재미를 찾기보다는 꿈이 실현되었을 때의 큰 재미를 좇아야 합니다.

"긍정적으로 사고하고
적극적으로 행동하라 "

성공한 사람들의 삶을 가만히 들여다보면 그들이 어떤 상황에서도 긍정적으로 사고하고, 적극적으로 행동한다는 것을 알 수 있습니다.

여기서 긍정적인 사고란, 자신의 잠재 능력을 믿고 무슨 일이든 할 수 있다는 자신감을 말합니다. 무슨 일이든 도전하고 노력하면 이룰 수 있다고 생각하며, 지금 하는 일이 잘 안 되어도 쉽게 포기하지 않는 사고방식입니다.

적극적인 행동은 남들이 피하는 일도 기꺼이 맡아 하고, 어려운 일도 주저 없이 시도하며, 기왕 맡은 일이라면 열심히 하려는 자세를 말합니다. 얼른 풀리지 않는 과제도 가능한 방법을 궁리하고, 시키지 않아도 자신이 해야 할 일이라고 생각하면 스스로 하는 행동 방식입니다.

긍정적이고 적극적인 사람은 언제나 주어진 일에 감사하며 즐거움을 찾을 줄 압니다. 현실에 다소 아쉬운 점이 있더라도 더 나은 처지의 사람과 비교하는 대신, 자신보다 어려운 처지에 있는 사람을 생각합니다. 또 일이 생기면 기회가 주어진 것이라 생각하며 감사히 받아들입니다. 당장 원하는 결과에 도달하지 못해도 포기하지 않고 차근차근 노력해서 실력을 쌓습니다.

긍정적이고 적극적인 사람은 남이 도와주지 않더라도 불평하지 않으며, 초라한 과정에 실망하는 대신 나중에 결과를 본 사람들이 놀랄 것을 상상하며 즐거워합니다.

반면 실패하는 사람들은 항상 부정적입니다. 자신보다 나은 처지의 사람들과 비교하며 현실을 비관하고, 자신이 불운하다고 생각합니다. 지금 하는 일에 만족하지 못하고, 상황이 여의치 않아 어쩔 수 없이 하는 것뿐이라고 투덜거립니다. 자신이 할 만한 일은 따로 있다고 생각하며, 당장 해야 할 일에 집중하지 못하고 주의가 산만합니다. 눈앞의 일을 해결할 수 있는 방법을 찾기보다는 지금 하는 일이 불가능한 이유, 하기 힘든 이유를 찾는 데 더 열심입니다.

긍정적인 사고를 가진 사람은 다릅니다. 부정적인 사람들이 안 되는 이유를 백 가지 궁리할 때, 긍정적인 사람은 한 가지라도 가능한 방법을 찾습니다. 상황이 어려울 때 가능한 방법을 찾으려고 집중하기는 결코 쉽지 않습니다. 하지만 긍정적인 사람은 수십 번 생각하고 시도해서 결국 가능한 방법을 찾아냅니다.

주어진 여건이 좋을 때는 긍정적으로 살든 부정적으로 살든 별 차이가 나지 않습니다. 하지만 상황이 나빠지면 사고방식과 정신력의 차이가 바로 드러납니다.

부정적인 사람은 어려운 여건이 닥치면 열심히 노력해서 돌파할 생각은 않고, 손을 놓은 채 나쁜 상황이 얼른 끝나기만을 기다립니다. 하지만 긍정적인 사람은 상황이 힘들수록 더 강해집니다. 노력의 과정이 길고 지루하더라도 극복할 수 있다는 사실을 믿습니다. 또 지금의 어려움이 혼자만의 불행이 아니며, 이런 때 한 발 더 움직이면 그만큼 앞서 나갈 수 있다고 긍정적으로 생각합니다.

꿈을 위한 노력은 장거리 경주와 비슷합니다. 마라톤을 시작하면 금방 육체적 고통이 찾아옵니다. 하지만 어려운 고비를 넘기고 나면 몸에서 마치 마약과도 같은 호르몬이 분비되어 고통이 마비되고 정신적 쾌감을 느끼게 된다고 합니다.

꿈을 위한 노력의 과정도 이와 유사합니다. 노력을 막 시작한 때에는 몸과 마음이 변화에 저항해서 고통이 큽니다. 하지만 이느 단계를 넘어서면 자신이 하는 일에 점점 자신감과 확신이 생기면서 묘한 희열을 느낄 수 있습니다.

긍정적으로 사고하고 적극적으로 행동하기 위해서는 구체적으로 어떻게 실천할 것인지를 정하는 것이 중요합니다. 가장 쉽고 간단한 실천 방법은 자세와 태도를 바꾸는 것입니다. 주위 사람들에게 먼저 인사를 건네고, 밝은 표정을 지으려고 노력하는 것이지요.

또 평소에 부모님이나 선생님이 시키는 일을 무조건 피하고 봤다면, 태도를 바꾸어 자발적으로 나서는 것도 한 방법입니다. 매사에 자신 있고 긍정적으로 말하며, 겸손하면서도 당당한 자세를 유지하면 어느새 여러분에 대한 주변 사람들의 평가가 달라져 있을 것입니다.

긍정적으로 생각하고 적극적으로 행동하다 보면 인생에 상승효과가 생깁니다. 모든 것이 가능한 것처럼 보이고, 실제로 그렇게 됩니다. 새로운 일에 도전할 때도 실패를 두려워하지 않게 됩니다. 노력하면 결과는 저절로 따라온다고 믿을 뿐 아니라, 실패를 많이 할수록 성공 확률이 커진다는 것을 알기 때문입니다.

인생의 위기 때마다 흔들리고 겁먹는 사람은 먼 미래를 내다보지 못합니다. 인생의 위기란, 항해할 때 만나게 되는 파도와 같은 것입니다. 뱃전을 때리는 파도가 금방이라도 배를 집어삼킬 것처럼 보여도 배는 쉽사리 침몰하지 않습니다. 오히려 겁에 질려 파도만 쳐다보다가는 멀리 있는 항구를 놓치기 쉽습니다.

유능한 선장은 지금 이 파도가 별것 아니라는 사실을 잘 압니다. 그는 목적지까지 가는 동안 거친 파도를 여러 번 만나게 되리라는 것을 알기 때문에, 흔들림 없이 항해에 전념할 수 있습니다. 우리의 인생도 바다를 항해하는 것과 같습니다. 우리는 유능한 선장처럼 인생의 파도에 의연해야 합니다. 위기에 어떻게 대처하느냐가 성공과 실패를 가릅니다.

언젠가 한 방송에서 "당신의 인생을 바꾼 순간은 언제인가?"라는 질문을 받은 적이 있습니다. 나는 잠시 생각하다가 "1985년 판사로 근무할 때 현장 검증을 가다가 교통사고를 당한 일"이라고 대답했습니다.

당시 간신히 목숨을 건진 나는 판사를 그만두고 미국으로 유학을 떠났습니다. 그때 사고가 나지 않았다면 판사 생활에 안주했을 것입니다. 사고로 본의 아니게 법원을 떠난 나는 '맨땅에

헤딩' 하는 기분으로 새로운 인생에 도전했습니다. 덕분에 수많은 일을 경험하고 이룰 수 있었습니다. 좌절하지 않는 사람에게 위기는 기회가 됩니다.

아무리 어려운 순간도 지나고 보면 별것 아닌 경우가 많습니다. 나는 "힘들어서 죽고 싶다."고 한탄하는 사람들에게 이렇게 말해 주곤 합니다.

"지금이 당신 인생에서 가장 힘든 순간인가요? 전에는 이렇게 괴로운 순간이 없었습니까? 누구나 세상을 사는 동안 죽고 싶을 정도로 괴롭고 힘든 위기를 겪습니다. 이번 위기가 처음이라면 그동안 당신은 정말 운이 좋았던 셈입니다. 앞으로 살다 보면 지금보다 더 힘들고 괴로운 순간들을 맞닥뜨리게 될 것입니다. 지금의 이 위기는 처음이라 더 힘들게 느껴지는 것뿐입니다. 넘기고 나면 아무것도 아닙니다."

지금 이 순간 혼자만 불행하다는 생각이 든다 해도 절대 절망하지 마세요. 돌파구가 보이지 않을 때는 "지나고 나면 별것 아니야." 하고 주문을 외워 보세요. 어려움이 닥쳐도 신경 쓰지 말고 묵묵히 할 일을 하다 보면 어느 순간 문제가 저절로 해결되어 있음을 깨닫게 될 것입니다.

누구나 살아 있으면 꿈꿀 수 있고 노력할 수 있습니다. 꿈꾸고 노력하는 사람에게 불행이 행복으로 변하는 것은 시간문제입니다. 긍정적이고 적극적으로 사는 사람에게 성공은 자연히 따라옵니다.

" 오늘의 노력을
부끄러워하지 마라 "

마이크로소프트를 세운 빌 게이츠는 고등학생들에게 "햄버거 가게에서 일하는 것을 창피하게 생각하지 마라."라고 충고한 바 있습니다. 학비를 벌려고 햄버거 가게에서 일하는 것을 부끄러워할 필요 없다는 뜻이지요.

나는 이 이야기가 우리의 인생 전반에 적용된다고 생각합니다. 자신의 현재 모습을 부끄러워하는 사람은 평생 부끄럽게 살게 됩니다. 살다 보면 누구나 부끄럽고 수치스러운 일을 겪기 마련입니다. 그렇다고 그때마다 남의 시선을 의식하면 평생 그 시선에 휘둘리게 됩니다.

우리 주위에는 체면 때문에 일을 가리는 사람이 많습니다. 사람들이 험한 일을 피하다 보니 이른바 3D 업종은 일할 사람을 구하기가 힘들다고 합니다. 유망한 중소기업도 사정이 크게 다르지 않습니다.

절실한 꿈이 있다면 먼저 체면과 부끄러움부터 버려야 합니다. 꿈을 길게 보고, 눈앞의 험한 일에도 몸을 던질 수 있어야 합니다. 중요한 것은 현재의 내 모습이 아니라 미래의 나이기 때문입니다.

학창 시절 내게는 체면이란 것이 없었습니다. 공부하느라 외모에 신경을 쓰지 못해 늘 꼴이 말이 아니었지만, 나는 그런 자신을 부끄러워하지 않았습니다. 또 공부에 필요한 교재를 구하거나 공부할 시간을 확보하기 위해서라면 다른 사람의 시선을 신경 쓰지 않고 무슨 일이든 했습니다. 내가 최단 시간 만에 고시에 합격할 수 있었던 것은 노력하는 내 모습을 부정하지 않은 덕분입니다.

노력은 부끄러운 일이 아닙니다. 간혹 겉으로 드러나는 모습이 구차해 보일 때도 있겠지만, 이루고자 하는 꿈이 있다면 당당하지 못할 것이 없습니다.

꿈을 위해 노력할 때는 외국으로 이민 가는 사람들의 심정을 떠올려 보는 것이 도움이 됩니다. 낯선 곳으로 이민을 떠나는 사람들이 그렇듯 안면몰수하고 열심히 노력해서 성공하겠다는 결심을 하는 것입니다. 실제로 미국에서 성공한 이민자들 중에는 막일도 마다하지 않고, 휴일도 없이 일해 성공을 거머쥔 사람들이 많습니다.

내면이 단단한 사람은 자신을 무시하는 사람에게 일일이 과민 반응 하지 않습니다. 자존심 상해하지도 않습니다. 자신이 목표한 바를 위해 노력하느라 남에게 신경 쓸 시간도 없을 뿐더러, 스스로에게 자신감이 있기 때문에 다른 사람이 무슨 말을 하든 흔들림 없이 나아갑니다.

많은 사람들이 자존심과 자신감을 같은 것으로 생각하지만, 둘은 전혀 다릅니다. 자존심이 세상에 인정받고 싶은 마음이라면, 자신감은 내면의 자신에게 당당할 때 나오는 것입니다.

자존심이 강한 사람은 다른 사람이 무심코 던진 말에 쉽게 상처 받고, 그 상처에서 오랫동안 회복되지 못합니다. 하지만 자신감이 있는 사람은 다른 사람의 평가에 일희일비하지 않고 묵묵히 자신의 길을 갑니다.

세상은 자존심 강한 사람이 아니라 자신감 있는 사람을 원합니다. 자신의 꿈과 노력을 당당하게 말할 수 있는 사람을 신뢰합니다. 냉혹한 현실을 바꿀 수 있는 것은 오늘 내가 하는 노력뿐입니다. 체면 때문에, 다른 사람의 눈 때문에 할 수 있는 일을 피한다면 아무것도 바꿀 수 없습니다. 남의 시선을 두려워하지 않고, 어떤 일이든 가리지 않고 몸을 던질 수 있어야 성공할 수 있습니다.

" 나름대로
노력하는 것으로는
부족하다 "

중국 춘추 시대 말의 학자 한비가 지은 『한비자』라는 책에 '수주대토'라는 고사성어가 나옵니다. 중국 송나라의 한 농부가 밭을 가는데, 갑자기 토끼 한 마리가 달려오더니 밭 가운데 있는 나무 그루터기를 들이받고 죽었습니다. 그날 이후 농부는 또 그렇게 토끼를 잡을 수 있을까 하여 농사짓기를 그만두고 그루터기를 지켰습니다. 하지만 토끼는 다시 나타나지 않았고, 농부는 사람들의 웃음거리가 되었습니다.

이 이야기에서 유래한 고사성어 '수주대토'는 '한 가지 일에 얽매여 발전을 모르는 어리석은 사람'을 비유적으로 이르는 말

입니다. 또 '애쓰지 않고 성공하기를 바라는 것은 어리석은 짓'
이라는 뜻으로도 쓰이지요.

꿈을 위한 노력을 고작 '나름대로 성실히', '나름대로 최선을
다해서는' 결코 성공할 수 없습니다. '나름대로' 노력하는 것은
농부가 나무 그루터기 앞에서 토끼를 잡으려고 기다리는 것과
다를 바 없습니다.

이 세상에 나름대로 노력하지 않는 사람은 아무도 없습니다.
주위에서 유난히 불성실하다고 평이 난 사람조차 나름대로는 열
심히 살고 있습니다.

인간이 생존하려면 모두 나름대로 무언가를 해야 합니다. 그
것을 다 노력이라고 말한다면 사는 것 자체를 노력이라고 하는
것이나 마찬가지입니다. '나름대로'는 게으름에 대한 자기 합리
화이며, 핑계일 뿐입니다.

성공을 위한 노력에는 자기만족인 노력과 객관적인 노력이 있
습니다. 자기만족을 위해 노력할 때는 주관적으로 열심히 했다
고 생각하면 그만입니다. 실질적인 노력이 없어도 아무런 문제
가 되지 않습니다.

반면 객관적인 노력은 남들도 인정할 만한 노력이어야 합니
다. 그런 객관적인 노력 없이 성공을 바라는 것은 수주대토나 다

름없습니다. 성공은 객관적인 것이기 때문입니다. 오늘의 나보다 내일의 내가 나아지는 것, 그것이 바로 객관적인 노력이며 노력의 결과 얻은 성공입니다.

지금과 같은 경쟁 사회에서 남과 똑같이 해서는 다른 결과를 만들 수 없습니다. 남보다 더 노력하는 것만이 결과에 차이를 내는 유일한 방법입니다. 꿈을 이루고 성공하고 싶다면 '나는 노력하는 사람인가?'라고 묻는 대신, '나는 남보다 더 노력하는 사람인가?'라고 물어야 합니다. 이 질문에 자신 있게 대답할 수 없다면 노력한다고 할 수 없습니다.

인생은 상대성 게임입니다. 세상 속에서 우리는 싫든 좋든 남과 비교당하는 삶을 살고 있습니다. 나의 모든 것은 다른 사람과의 상대적 관계에서 의미가 부여됩니다. 사물의 가치도 상대적인 관점에서 결정되는 경우가 많습니다. 원하든 원하지 않든 경쟁을 피할 수는 없습니다. 경쟁은 운명처럼 인생 내내 우리 옆에 붙어 있습니다.

많은 청소년들이 오로지 시험 성적으로만 능력을 평가받는 현실에 큰 스트레스를 받을 것입니다. 행복은 분명 성적순이 아닙니다. 하지만 성공 확률과 성적은 관계가 있습니다. 아니, 정확히 말하자면 성공 확률은 성적을 만들어 내는 노력의 양과 관계가 있습니다.

공부를 싫어하는 사람은 학교만 졸업하면 더는 공부와 시험에 시달리지 않아도 된다고 생각합니다. 학교 문을 나서는 순간, 더는 공부하라는 잔소리를 듣지 않아도 된다고 생각하는 것이지요. 하지만 바깥세상은 학교보다 훨씬 더 살벌합니다.

학교에 다닐 때는 교과서와 참고서에 무엇을 공부하면 되는지 나와 있지만, 사회에 나오면 아무도 사는 방법을 가르쳐 주지 않습니다. 선생님처럼 진심 어린 충고를 해 주는 사람도, 부모님처럼 걱정해 주는 사람도 없습니다. 그럼에도 결과에 대한 평가는 준엄하기 그지없습니다.

진정한 경쟁은 학교 문을 나서는 순간, 시작됩니다. 회사에 들어가는 것도 경쟁이고, 직장에서 인정받는 것도 경쟁입니다. 사회에 나오면 인생을 건 게임을 해야 합니다. 빌 게이츠는 "학교에서는 낙제해도 적당히 넘어갈 수 있지만, 사회에서 낙제하면 인생이 끝날 수 있다."고 말하기도 했습니다.

세상은 학교처럼 연습하거나 준비할 시간을 주지 않습니다. 매일매일이 실전입니다. 학창 시절처럼 안일하게 살면 한순간에 저 멀리 뒤처지게 됩니다. 현실의 냉혹함을 깨달을 즈음이면, 이미 낙오자가 된 뒤일 수도 있습니다.

세상은 이루지 못한 꿈을 인정하지 않습니다. 나름대로 노력한 것은 알아주지 않습니다. 노력은 마음속으로 생각하는 게 아니라, 남으로부터 평가받는 것입니다. "세상은 네 자신이 스스로를 어떻게 생각하든 상관하지 않는다. 세상은 네가 조그마한 것이라도 보여 주기를 기다린다."는 빌 게이츠의 말처럼 나 혼자 만족하는 노력은 아무런 의미가 없습니다.

어떤 사람은 남보다 더 노력하라는 말에 거부감을 나타내기도 합니다. "왜 남보다 더 노력해야 하나요? 그런다고 인생이 행복해지나요? 늘 남과 경쟁하며 피곤하게 살 필요가 있나요?" 만약 마음 한구석에서 이런 식의 반격이 머리를 든다면, 여러분은 아직 세상의 냉정함을 맛보지 못한 낭만주의자입니다.

노력 그 자체는 인생의 목적도, 행복도 아닙니다. 노력은 더 나은 미래를 얻기 위해 현재 지불해야 하는 대가일 뿐입니다. 노력에서 행복을 찾으려는 사람, 행복하게 노력하려는 사람은 노력의 의미를 잘못 이해하고 있는 사람입니다. 미래의 가치가 크면 클수록 지금 지불해야 하는 노력의 고통도 커집니다. 꿈이 멋질수록 대가는 클 수밖에 없습니다.

성공한 사람에게
배워라

　성공하기를 바란다면 노력의 기준을 성공한 사람에게 맞추어야 합니다. 성공한 사람은 이미 그 노력이 검증된 사람입니다. 성공한 사람에게 관심을 갖고, 그들이 어떻게 노력했는지를 연구하면 성공으로 향하는 길을 좀 더 쉽게 찾을 수 있습니다.

　처음 고시를 치르겠다고 마음먹었을 때 나는 앞이 보이지 않는 기분이었습니다. 어떻게 시험 준비를 해야 할지 몰라 오랫동안 시간만 흘려보냈습니다. 당시만 해도 재학생이 고시에 합격하는 것은 거의 불가능한 일이었습니다. 나는 고시에 합격한 졸업생 선배들을 만나서 이야기를 듣고 싶었지만, 아는 사람이 없었습니다.

　다행히 수소문 끝에 고시 합격기에 대해 알게 되었습니다. 나는 고시 잡지와 몇몇 책에 실린 고시 합격기를 읽으면서 공감이 가는 공부 방법을 노트에 정리해 실천하려고 노력했습니다. 그리고 하늘에 별 따기보다 어렵다는 고시에 연달아 합격했습니다.

성공한 사람으로부터 성공 비결을 배우는 것은 시행착오를 줄이는 가장 효과적인 방법입니다. 나는 어떤 일을 새로 시작할 때 별로 두려움이 없습니다. 지구상에서 내가 처음 하는 일은 거의 없다고 생각하기 때문입니다. 그 분야에서 성공한 사람들이 어떻게 노력했는지 알아보고, 그 노력을 나의 것으로 만들고, 미흡해 보이는 부분을 보완하다 보면 앞서 성공한 사람 이상의 결과를 만들 수 있습니다. 내가 고시 신화를 쓸 수 있었던 것도 바로 성공한 사람들에게 배우려고 노력한 덕분입니다.

특히 청소년에게는 롤 모델이 꼭 있어야 합니다. 여러분이 꿈꾸고 목표로 하는 길을 앞서 간 사람이 누구인지 찾아보고, 기왕이면 최고를 롤 모델로 삼아야 합니다.

롤 모델이란 존경하며 닮고자 하는 대상을 말합니다. 닮고 싶은 열망이 솟아나는 인물이어야 합니다. 지금 우리나라에는 세계 일류인 사람들이 많습니다. 그중 롤 모델로 삼을 만한 사람을 찾아, 그가 어떻게 노력하고 성공했는지 관심을 가져야 합니다. 자기가 꿈꾸는 분야에서 성공한 사람을 찾아 닮으려고 노력해야 합니다.

보통 청소년들은 좋아하는 스타를 롤 모델로 선택하는 경우가 많습니다. 스타가 하는 옷차림, 머리 스타일, 액세서리, 말투를 흉내 내는 것이지요. 하지만 정말 중요한 것은 롤 모델의 내면을 따라하는 것입니다. 눈으로 보이는 것을 따라하는 것은 껍데기를 흉내 내는 것에 불과합니다.

롤 모델에게 배워야 하는 것은 그의 생김새나 스타일이 아니라 생각, 행동, 습관 같은 것입니다. 롤 모델의 내면을 나의 일부로 만들어서 평소에도 마음속으로 롤 모델을 떠올리며 질문하고 대화할 수 있어야 합니다.

실패하는 사람은 성공하는 사람을 무시하고 따돌리고 질시의 대상으로 삼는 경우가 많습니다. 잘된 사람을 보면 배 아파하고 험담을 퍼부으며 성공한 사람을 주저앉히려고 합니다.

하지만 성공한 사람을 미워하는 것은 성공을 미워하는 것과 마찬가지입니다. 성공하려면 성공한 사람의 노력을 배우려는 겸허한 자세를 가져야 합니다. 그들이 어떻게 노력했는지 파악하고, 그 이상 노력하겠다고 다짐해야 합니다.

:3

생각의 틀을
바꿔야
인생이 달라진다

붕어빵 기계로 국화빵을 만들 수 있을까? ● 더 나은 생각의 틀을 선택하라 ● 인
생에서 중요한 것은 '무엇'이 아니라 '어떻게'이다 ● 노력을 아끼면 인생을 망친
다 ● 고통의 터널을 통과하면 성공이 보인다 ● 남다른 노력이 성공을 부른다

" 붕어빵 기계로 국화빵을 만들 수 있을까? "

대부분의 사람들은 타고난 능력에 별다른 차이가 없습니다. 지능도 비슷하고, 가정 환경도 크게 다르지 않지요. 바라고 꿈꾸는 것도 비슷합니다. 누구나 좋은 성적이 나오기를 원하고, 입시에서 합격하기를 바라고, 잘살기를 기대하니까요. 하지만 실제로 원하는 결과를 얻는 사람은 소수뿐입니다. 왜 그럴까요?

나를 잘 모르는 사람들은 내가 머리가 좋아서, 집안이 괜찮아서 성공한 줄 압니다. 하지만 나는 시내버스도 다니지 않는 시골 동네에서 중학교를 다녔고, 한때는 성적 부진으로 바보 소리를 들은 적도 있습니다. 집안 형편이 넉넉하지 않아 과외를 받거나 학원을 다니는 것은 꿈도 꾸지 못했습니다.

그렇다면 나는 다른 사람들과 어떤 점이 달랐기에 좋은 성적을 올릴 수 있었을까요? 다른 사람들은 한 번도 하기 힘든 노력을 어떻게 계속할 수 있었을까요? 도전을 피하지 않고 끊임없이 새로운 일을 시작할 수 있었던 원동력은 무엇일까요? 늘 머릿속을 맴돌던 이 질문들에 대한 답을 나는 풀빵 기계에서 찾았습니다.

겨울이면 거리에서 흔히 볼 수 있는 풀빵은 붕어 모양, 국화 모양 등 여러 모양으로 우묵하게 팬 틀에 밀가루 반죽과 팥소 등을 넣어 구운 빵입니다. 이런 틀을 금형이라고 합니다. 금속으로 만든 거푸집인 셈이지요.

금형은 만들려는 물건의 모양대로 속이 비어 있어, 쇳물을 녹여 부으면 그 틀과 꼭 같은 물건이 나옵니다. 많은 기계의 부속품들이 이런 방식으로 생산됩니다. 한 치라도 어긋나면 기계가 작동을 못하기 때문에 똑같은 틀에서 똑같은 모양의 부품을 수없이 찍어 내는 것입니다.

풀빵 기계 역시 그 틀이 무엇이냐에 따라 붕어빵, 국화빵 등을 만들어 냅니다. 붕어빵 장수가 아무리 정성을 들여도 붕어빵 기계로 국화빵을 만들 수는 없습니다. 붕어빵 장수가 국화빵을 만드는 방법은 오직 하나, 틀을 바꾸는 것뿐입니다.

나는 사람도 풀빵 기계와 다를 바가 없다고 생각합니다. 사람은 각자 머릿속에 든 틀 모양대로 생각하고 말하고 행동합니다. 그래서 그 틀을 바꾸지 않는 한, 우리의 생각과 말과 행동은 좀처럼 바뀌지 않습니다. 우리가 마음먹은 대로 생각이나 행동을 바꿀 수 없는 이유가 바로 여기에 있습니다.

결심이 오래 가지 못하는 것을 두고 '작심삼일'이라고 말합니다. 이 작심삼일 현상도 풀빵 기계에 비추어 생각해 보면 쉽게 이해할 수 있습니다.

어느 날 붕어빵 장수가 붕어빵 대신 국화빵을 만들기로 결심했다고 생각해 봅시다. 그런데 붕어빵 만드는 틀을 국화빵 만드는 틀로 바꾸려면 시간과 돈이 듭니다. 결국 붕어빵 장수는 틀을 바꾸는 대신, 손으로 국화빵을 빚어 굽기로 했습니다.

기계로 굽던 걸 일일이 손으로 빚어 구우려면 여간 힘들고 불편하지 않을 것입니다. 손으로 빚은 국화빵의 맛과 모양도 그리 좋지 않을 테고요. 며칠 고생하던 붕어빵 장수는 다시 풀빵 기계로 붕어빵을 만드는 수밖에 없을 것입니다. 붕어빵 장수가 정말 국화빵을 만들 생각이라면 작심삼일의 결심을 할 게 아니라, 풀빵 기계를 바꾸어야 합니다.

생각의 틀은 우리가 사는 방법과 관련되어 있습니다. 머릿속에 있는 틀은 눈에 보이지 않습니다. 틀의 모양을 알려면 그 사람이 사는 모습을 봐야 합니다. 틀은 생각을 만들어 내고, 생각은 행동을 결정하며, 인생의 근본은 틀에 있습니다. 틀을 바꾸지 않고 일시적인 결심만으로는 결코 인생을 바꿀 수 없습니다. 생각의 틀을 바꾸지 않고 인생을 바꾸고자 바라는 것은 붕어빵 기계로 국화빵을 만들려고 하는 것과 같습니다.

" 더 나은
생각의 틀을
선택하라 "

어떤 사람이 인생에서 성공하느냐 실패하느냐 하는 것은 타고
난 조건이나 후천적 환경이 아니라, 그 사람이 갖고 있는 생각의
틀에 달려 있습니다. 머릿속에 있는 틀을 바꾸지 않고 틀의 모양
과 다른 결과를 바라는 것은 어리석은 일입니다. 육체적, 정신적
으로 힘만 들 뿐 신통한 결과를 기대할 수 없습니다.

그렇다면 어떻게 해야 생각의 틀을 바꿀 수 있을까요?

우선 자신이 가진 생각의 틀이 어떤 모양인지 알아야 합니다.
그래야 자신에게 맞는, 더 좋은 틀로 바꿀 수 있습니다. 문제는
생각의 틀이 우리 눈에 보이지 않는다는 것입니다. 우리는 생각

의 틀이 찍어 내는 결과물만 볼 뿐, 머릿속에 있는 틀이 어떤 모양인지는 모릅니다. 심지어 대부분의 사람들은 그런 틀이 있다는 사실조차 깨닫지 못합니다.

학창 시절, 나는 식탁에 앉아 밥 먹는 시간도 아까워서 비빔밥을 만들어 먹으며 공부했습니다. 젓가락질을 하면 책을 읽을 수 없기 때문에 반찬을 잘게 썰어 만든 비빔밥을 먹으며 공부한 것입니다. 지금도 나는 일할 시간이 부족할 때 책상에서 끼니를 때우는 경우가 많습니다.

이 이야기를 인상 깊게 들은 한 학생이 그대로 따라 해 보기로 마음먹었습니다. 결심한 첫날, 그 학생은 어머니에게 비빔밥을 비벼 달라고 해서 방에서 혼자 책을 읽으며 먹었습니다. 하지만 며칠 가지 않아 '도대체 이게 뭐하는 짓인가!' 하는 생각이 들었습니다. '다 먹고살자고 하는 일인데, 이렇게 비인간적으로 공부하는 것이 정말 내 인생에 도움이 될까?' 하는 의심이 들기 시작한 것입니다. 결국 그 학생은 비빔밥 먹기를 포기했습니다. 물론 성적은 오르지 않았습니다.

내게는 성공의 비결이 된 비빔밥이 왜 그 학생에게는 '노력해도 소용없다'는 패배감만 안겨 준 것일까요? 바로 그 학생이 자신의 생각의 틀에 대해 모르고 있었기 때문입니다. 성적을 올리기 위해 누구나 비빔밥을 먹을 필요는 없습니다. 내가 비빔밥 이야기를 통해 말하고자 한 것은 비빔밥 그 자체가 아니라 왜 비빔밥을 먹어야 했는지, 왜 그토록 치열하게 공부해야 했는지 하는 것입니다.

나는 공부 시간을 늘리기 위해 비빔밥을 만들어 먹었습니다. 즉 그 학생은 나의 비빔밥 이야기를 보면서 자신의 공부 패턴을 점검해 보고, 빈둥대면서 보내는 시간을 줄이려고 노력했어야 합니다. 그저 책상에 앉아 비빔밥을 먹는 것만으로 성적이 오르기를 바라는 것은 '도둑 심보'나 다름없습니다.

성경에는 이런 말이 있습니다. "새 포도주를 낡은 가죽 부대에 넣는 자는 없나니, 만일 그렇게 하면 새 포도주가 부대를 터뜨려 포도주와 부대를 버리게 되리라. 새 포도주는 오직 새 부대에 넣느니라."

가죽 부대는 포도주의 발효 정도에 따라 늘어납니다. 그래서 새 포도주를 헌 가죽 부대에 넣으면, 포도주가 발효할 때 이미 늘어난 상태인 가죽 부대가 더 이상 늘어나지 못해 터져 버리는 것입니다. 예전의 생각의 틀을 가지고 새로운 말과 행동을 하려면 문제가 생기는 것은 그래서입니다.

생각의 틀에는 여러 종류가 있습니다. 앞에서 살펴본 A급 사람은 '스스로 생각하고 행동하는' 생각의 틀을 가진 사람입니다. 이들이 하는 생각과 말, 행동은 늘 창조적입니다. 반면 D급 사람은 '시키는 것만 하는' 생각의 틀을 가진 사람입니다. 이들은 자신의 삶의 주인이 되지 못한 채, 항상 다른 사람의 지시와 지배를 받으며 살아갑니다. 생각의 틀을 바꾸지 않는 한 그런 운명은 바뀌지 않습니다.

다행히 생각의 틀은 우리가 깨닫고 선택하면 얼마든지 바꿀 수 있습니다. 풀빵 기계를 바꿀 때처럼 돈이 들지도 않습니다. 생각의 틀을 바꾸는 데 필요한 것은 오로지 '깨달음'입니다.

'아는 것'과 '깨닫는 것'은 구별해야 합니다. 사람은 한 번 보고 들으면 자신이 안다고 생각하지만, 아는 것이 반드시 깨달음으로 이어지지는 않습니다. 비빔밥 이야기에서도 알 수 있듯이 아무리 좋은 것도 본인이 깨닫지 못하면 듣기 싫은 잔소리가 될 뿐입니다.

성공을 바란다면 먼저 자신의 생각의 틀이 어떤 모양인지 깨달아야 합니다. 그리고 더 나은 틀로 바꾸기 위해 노력해야 합니다. 생각의 틀을 바꾸는 순간 성공이 가까워지고, 운명이 바뀝니다.

"인생에서 중요한 것은 '무엇'이 아니라 '어떻게'이다"

"너는 커서 무엇이 되고 싶니?"

어린아이들에게 흔히 하는 질문입니다. 아이들은 저마다 자신의 꿈을 이야기합니다. 과학자, 대통령, 가수, 배우……. 아이들의 꿈이 흰 도화지에 무지개처럼 펼쳐집니다.

시간을 돌려 보면 나는 꿈이 참 많은 아이였습니다. 아주 어렸을 때는 만화 가게 주인이 되고 싶었고, 조금 커서는 플라스틱 로봇을 만드는 데 빠져서 과학자가 되기를 꿈꿨습니다. 멋진 제복을 입고 나쁜 악당들을 혼내 주는 경찰관이 되고 싶다고 생각한 적도 있습니다. 법대에 진학해서 법관이 되겠다는 꿈을 가진 것은 어느 정도 철이 들고 난 뒤였습니다.

그런데 만화 가게 주인, 과학자, 경찰관, 법관은 모두 '무엇'에 해당하는 것입니다. '무슨 옷을 입을까?', '무엇을 먹을까?', '무엇을 전공할까?' 사람들은 끊임없이 '무엇'에 대해 고민합니다. '무엇'을 잘 선택해야 성공할 수 있다고 생각하기 때문입니다.

하지만 인생에서 정말 중요한 것은 '무엇'이 아니라 '어떻게' 입니다. 앞서 나는 "사는 방법이 운명을 결정한다."라고 말했습니다. '어떻게'는 한 사람의 삶에 대한 태도, 습관을 보여 주는 것입니다. 그래서 나는 누가 어떤 사람인지 알려고 할 때 그가 '무엇'을 하느냐보다 '어떻게' 하느냐를 보려고 애씁니다. '어떻게' 야말로 사람의 본체라고 생각하기 때문입니다.

꿈을 갖고 열심히 노력한다고 해서 항상 성공하는 것은 아닙니다. 운이 나쁘면 열심히 노력하고도 실패할 수 있습니다. 하지만 사는 방법이 제대로인 사람은 금세 실패를 딛고 일어섭니다. 그리고 포기하지 않는 한, 그에게 성공은 시간문제입니다. 우리가 '무엇'보다 '어떻게'를 더 신경 써야 하는 이유입니다.

'무엇'에 인생을 거는 것은 목숨을 걸고 도박을 하는 것과 같습니다. 혼신의 힘을 다한 그 '무엇'이 실패했을 때 절망하기 쉽기 때문입니다.

의사가 되는 것을 목표로 열심히 공부한 한 학생이 있었습니다. 대대로 병원을 한 집안의 외아들이어서, 어려서부터 병원을 이어받아야 한다는 기대를 한 몸에 받고 있었습니다. 다행히 그 학생은 집안의 기대를 인정하고 받아들여서 별 불평 없이 공부했고, 특목고에 입학할 때까지만 해도 자신의 미래를 조금도 의심하지 않았습니다. 하지만 전국에서 내로라하는 아이들이 모인 고등학교에서는 예전처럼 좋은 성적을 거두기가 힘들었습니다. 고등학교 내내 성적 부진에서 벗어나지 못한 그 학생은 결국 의대 진학에 실패했고, 엄청난 실의에 빠지고 말았습니다.

만일 그 학생이 의대 입시라는 '무엇'을 목표로 삼는 대신 '어떻게' 살 것인지에 집중했다면 어땠을까요? 최소한 의대 진학에 실패한 것을 인생 전체의 실패로 여기는 극단적인 생각은 하지 않았을 것입니다.

'어떻게'를 무시하고 '무엇'만 보고 사는 사람에게 성공은 일회성의 우연으로 끝나는 경우가 많습니다. 한두 번은 좋은 결과를 낼 수 있을지 모르지만, 상황이 나빠지면 바로 무너지기 쉽습니다. 때로는 섣부른 성공이 결정적인 순간에 큰 덫이 되어 몰락을 부르기도 합니다.

반면 '무엇'보다 '어떻게'를 생각하는 사람은 실패해도 다시 일어설 수 있습니다. 그런 사람들에게는 오히려 실패가 더 큰 성공의 밑거름이 되기도 합니다.

현대 그룹을 창업한 정주영 회장은 젊은 시절 고향 집에서 소 판 돈을 몰래 들고 나와 무작정 상경한 것으로 유명합니다. 그는 철도 노동자, 부둣가 하역 인부, 쌀가게 점원을 거쳐 스물다섯 살에 자동차 수리 공장을 세웠습니다. 그런데 큰돈을 빌려 시작한 이 공장이 사흘 만에 화재로 몽땅 타 버리고 맙니다.

정주영 회장이 여기서 절망해 주저앉았다면 오늘날의 현대 그룹은 존재하지 않았을 것입니다. 그는 염치 불구하고 다시 돈을 빌려 공장을 세웠습니다. 그러고는 밤낮없이 일해 큰 성공을 일구었습니다. '무엇'이 아니라 '어떻게'가 중요하다는 것을 알고 노력한 덕분입니다.

혹시 여러분 중에 성적이 떨어져서, 대학 입시에 실패해서 실의에 빠진 분들이 있나요? '무엇'에 초점을 맞추고 보면 그 결과는 분명 실망스러울 겁니다. 하지만 그 실패가 여러분의 인생 전체를 결정짓지는 않습니다. 중요한 것은 그 일을 '어떻게' 받아들이고 '어떻게' 극복하느냐 하는 것입니다.

인생을 살다 보면 '무엇'은 그때그때 달라질 수 있지만, '어떻게'는 쉽게 달라지지 않는다는 것을 알게 됩니다. 잘 변하지 않는

'어떻게'야말로 사람의 본체입니다.

　여러분은 꿈을 이루기 위해 '어떻게' 노력하고 있나요? 선뜻 대답할 수 없다면, 다시 한번 소매를 걷어붙여야 합니다. 그러면 지금의 실패가 여러분이 꿈에 조금 더 가까워질 수 있는 발판이 될 것입니다.

" 노력을 아끼면
인생을 망친다 "

경제의 제1원칙은 '최소의 비용으로 최대의 효과를 얻는 것'입니다. 인간은 다른 조건이 동일하다면 같은 비용으로 더 나은 결과를 얻거나, 더 적은 비용으로 같은 결과를 얻고 싶어 합니다. 그것이 합리적이라고 생각하기 때문입니다.

이런 '경제 마인드'는 우리의 평소 삶에서도 그대로 나타납니다. 인간의 본성은 같은 조건이면 덜 노력하고 더 편하게 살고자 하는 것이니까요.

그런데 경제 마인드에는 치명적인 함정이 있습니다. 바로 결과물이 고정되어 있다는 것입니다. 경제 마인드란 다른 사람보다 적은 노력으로 같은 결과를 얻고자 하는 것입니다. 성공이 남보다 더 나은 결과를 얻는 것을 뜻한다고 할 때, 경제 마인드는 시작부터 성공이 불가능한 생각의 틀인 셈입니다. 애당초 최대의 결과를 내는 것이 목적이 아니기 때문에, 적당한 선에서 자신과 타협하고 노력을 멈추게 됩니다.

스스로를 한 번 돌아보세요. 남에게 뒤지지 않을 정도로만 살면 된다고 생각하고 있지는 않나요? 그렇다면 아무리 열심히 해보겠다고 두 주먹을 불끈 쥐어 봤자 작심삼일로 끝나기 일쑤일 것입니다. 장기적으로 보면 경제적인 노력으로는 남들과 같은 결과를 얻기도 어렵습니다. 경제 마인드를 버리지 않는 이상, 잠깐의 결심으로는 결코 좋은 결과를 얻을 수 없습니다.

입시 명문고인 경기 고등학교에 입학했을 때 나는 '남만큼 노력하고 남만큼 살겠다'고 생각했습니다. 당시는 경기 고등학교 학생들 중 절반 이상이 서울대학교에 진학하던 시절이었습니다. 나는 '반에서 중간만 해도 서울에 있는 웬만한 명문대는 들어갈 수 있을 거야.' 하고 생각했고, 노력한 만큼의 결과를 기대하는 내 인생관이 정직한 것이라고 믿었습니다.

고등학교 1학년 내내 나는 친구들과 신나게 어울려 다녔습니다. 그리고 2학년 1학기 초에 치른 첫 번째 모의고사에서 전체

60명 중 56등이라는 충격적인 성적을 받았습니다. 담임선생님은 부모님을 불러 "이 성적으로는 서울에 있는 대학에 갈 수 없다."고 선언하셨습니다. 그것이 내가 결과를 고정시켜 놓고 경제적으로 노력한 결과였습니다.

여러분 중에도 '시험 점수 몇 점 더 받는다고 좋은 대학에 갈 수 있는 것도 아닌데', '조금 더 나은 대학을 간다고 해서 인생이 특별히 더 행복해지는 것도 아니고'라고 생각하며 적당한 선에서 책을 덮고 컴퓨터나 텔레비전을 켜는 사람이 있을 것입니다.

그런데 '몇 달 열심히 공부한다고 전교 1등을 할 것도 아니고'라고 생각하는 바로 그 순간, 이미 여러분은 목표로 했던 대학에도 가기가 쉽지 않습니다. 적당한 목표를 마음속으로 정해 놓고 되도록 공부를 적게 하는 것이 이익이라고 생각하는 경제 마인드로는 그 적당한 목표조차 달성하기가 쉽지 않습니다. '남만큼만 하면 된다'고 생각하다 보면 점점 덜 노력하게 되기 때문입니다.

고등학교 2학년 이후 나는 한 번도 남만큼 노력하고 남만큼 살겠다고 생각해 본 적이 없습니다. 경제 마인드 대신 최대의 노력으로 최고의 결과를 얻는 '투자 마인드'로 생각의 틀을 바꾸었기 때문입니다. 투자 마인드는 경제 마인드의 반대 개념입니다. 투자 마인드에서는 결과를 고정시키지 않습니다. 투자를 늘리면 늘릴수록 결과가 좋아진다고 생각합니다.

1968년 경부 고속 도로를 건설할 무렵, 우리나라의 국민 소득은 필리핀보다 낮았습니다. 자동차를 가진 사람도 별로 없었습니다. 그래서 정부에서 경부 고속 도로 건설 계획을 발표하자 반대 여론이 들끓었습니다. '이미 놓인 도로에도 자동차가 없는데 무슨 고속 도로냐는 것'이었지요. 그런데 그로부터 십여 년도 지나지 않아 마이카 시대가 왔습니다. 산업이 발전하면서 물동량도 엄청나게 늘었습니다. 경부 고속 도로로도 부족해 여러 개의 고속 도로를 더 건설해야 했습니다.

우리나라가 한국 전쟁의 폐허를 딛고 빠른 시간 안에 선진국 문턱까지 올 수 있었던 것은 투자 마인드가 있었기 때문입니다. 여러 분야에 대한 과감한 투자가 오늘날의 대한민국을 만든 것입니다.

나는 최근 전 세계에 불고 있는 한류 열풍도 투자 마인드의 결과라고 생각합니다. 한국 시장만 놓고 보면 드라마에 그렇게 큰 돈을 쏟아부을 필요가 없습니다. 보통 드라마는 광고 수입을 산출한 다음, 그에 맞추어서 제작 비용을 책정하는 '경제적 제작'을 합니다. 하지만 해외 시장을 겨냥해 드라마를 만드는 경우에는 투자 마인드가 필요합니다. 일본에서 크게 히트한 「겨울 연가」 이후 우리나라에서 제작되는 드라마는 대부분 제작 단계부터 해외 시장을 염두에 두고 만들어지고 있습니다.

드라마뿐 아니라 케이팝도 기획사들의 과감한 투자가 성공한 경우입니다. 연습생으로 수년간 훈련을 받고 데뷔한 우리나라의 아이돌 가수들은 해외에서도 큰 인기를 누리며 막대한 경제적 수익을 올리고 있습니다. 결과가 고정된 경제 마인드와 달리 투자 마인드는 상상 이상의 결과를 낳을 수 있습니다.

한 개인의 인생에 있어 최고의 투자는 노력입니다. 더 나은 인생을 꿈꾼다면 당연히 더 많이 노력해야 합니다. 공부를 택했다면 공부에, 운동을 택했다면 운동에, 노래를 택했다면 노래에 최선을 다해야 합니다. 물론 오늘 노력한다고 해서 내일 바로 인생이 달라지지는 않습니다. 하지만 그렇게 노력하는 하루하루가 쌓이면 반드시 성공의 열매를 거둘 수 있습니다.

동강에 래프팅을 하러 갈 때마다 들르는 매운탕집 마당에 마당 전체를 뒤덮는 포도나무가 있습니다. 하도 포도송이가 많이 달려서 여러 그루인 줄 알았는데, 알고 보니 모두 한 그루에서 뻗친 가지였습니다. 주인에게 물어보니 포도나무 한 그루에서 포도송이가 3,000 송이 넘게 열린다고 했습니다. 그전에 장사하시던 분이 작은 묘목을 사다가 심은 것이 20년이 지나자 그렇게 커졌다는 것입니다.

노력의 결과는 처음에는 아주 미미하지만, 시간이 지나면 복리 이자처럼 기하급수적으로 늘어납니다. 이를 '승수 효과$_{multi-}$$_{plier\ effect}$'라고 합니다. '꿈꾸며 노력하면 이루어진다'고 생각하는 사람들은 이런 투자의 결과를 믿어야 합니다.

나는 고등학교 2학년 때 낙제 점수를 받은 이후, 늘 '더 많이 노력할수록 더 잘된다'는 믿음을 갖고 살아왔습니다. 그리고 그 믿음 덕분에 많은 것을 이룰 수 있었습니다. 무슨 일이든 더 노력하면 성공 확률이 커집니다. 남보다 적은 노력으로 같은 결과를 얻겠다는 생각은 단기적인 효율성만 따진 것입니다. 그런 생각이 통하는 경우도 있겠지만, 장기적으로 보면 많이 노력하는 사람이 많이 이루고, 적게 노력하는 사람이 적게 이루기 마련입니다.

" 고통의 터널을
통과하면
성공이 보인다 "

꿈을 이루기 위해 생각의 틀을 바꾸고 노력한다고 해서 언제나 모든 일이 술술 잘 풀리는 것은 아닙니다. 많은 사람들이 며칠 못 가서 회의에 빠집니다. 아무리 노력해도 당장은 아무것도 달라지지 않기 때문입니다.

열심히 공부했는데도 시험 성적이 오르지 않는다면 누구라도 좌절할 것입니다. 할 만큼 했는데도 안 된다는 생각에 인내심의 한계를 느끼고 실망할지도 모릅니다. 노력해 봐야 소용없다며 도중에 포기하는 경우도 적지 않습니다.

노력을 시작하면 누구나 이런 '고통의 터널'을 만나게 됩니다.

꿈을 위한 노력의 과정은 마치 끝이 보이지 않는 긴 터널을 지나가는 것과 같습니다. 가도 가도 터널 끝은 보이지 않고, 캄캄한 암흑 속에 홀로 남겨진 것 같은 두려움이 엄습합니다. 터널 입구로 되돌아가고 싶은 충동이 들기도 하지만, 그러면 지금까지의 노력은 모두 물거품이 되고 맙니다.

고통의 터널은 통과하기가 무척 힘이 듭니다. 얼마나 시간을 더 들여야, 얼마나 더 노력해야 원하는 성과를 얻을 수 있는지 알지 못하기 때문입니다. 하지만 성공으로 가는 길에서 고통의 터널을 통과하는 것은 무척 중요한 일입니다.

나는 고등학교 2학년 때 처음으로 고통의 터널을 통과했습니다. 2학년이 되고 처음 치른 시험에서 낙제 점수를 받은 것이 발단이었습니다. 그해 봄 나는 성적을 올리기 위한 나만의 마라톤을 시작했습니다.

잠을 쫓아 가며 공부하기 시작한 지 두 달, 성적은 여전히 제자리걸음이었습니다. 여름 방학이 되자 친구들이 함께 여행을 가자고 권했습니다. 공부해도 통 성적이 오르지 않았던 터라 솔깃한 마음이 들었습니다. 하지만 대학을 갈 수 없다는 선생님의 말씀이 귀에 맴돌아 나는 친구들과의 여행을 포기하고 공부를 계속했습니다.

당시 우리 집은 단열 처리가 되어 있지 않아 한여름이면 그야말로 찜통이 따로 없었습니다. 그렇다고 에어컨이 있는 것도 아니어서 나는 엄청난 땀과 싸워 가며 공부해야 했습니다. 등과 엉덩이에 난 땀띠에서 진물이 나고, 아토피 증세가 나타나기도 했습니다.

그렇게 가을이 되었습니다. 개학한 뒤 나는 이상하게 수학 시간이 기다려졌습니다. 수학은 내가 가장 골치 아파 하던 과목이었습니다. 그런데 수학 시간에 칠판에 쓰인 문제를 보자 '저 문제는 이렇게 풀면 되겠구나.' 하는 생각이 절로 떠올랐습니다. 얼마 후, 치른 모의고사에서는 반에서 10등 안에 들었습니다. 6개월 전에 거의 꼴찌에 가까웠던 것을 생각하면 기적과도 같은 일이었습니다. 그렇게 나는 첫 번째 고통의 터널을 6개월 만에 무사히 빠져나왔습니다.

이 일은 이후 나의 인생에서 큰 이정표가 되었습니다. '아무리 어려운 일도 시간과 노력을 투자하면 뚫고 나갈 수 있다'는 자신감을 갖게 된 것입니다. 노력의 결과를 눈으로 확인하려면 견디기 힘든 고통의 시간을 이겨 내야 하지만, 그에 대한 보상을 생각하면 충분히 할 만한 가치가 있습니다. 노력은 우리 인생의 불확실성을 줄여 줄 뿐 아니라, 뿌린 것 이상의 결과를 거둘 수 있게 해 주기 때문입니다.

일단 한 번 고통의 터널을 통과하고 나면 두 번째부터는 훨씬 쉽게 이겨 낼 수 있습니다. 끈질기게 노력해서 성공해 본 경험이 있는 사람은, 시간이 노력하는 사람의 편이라는 것을 알기 때문입니다.

나는 고통의 터널이 비행장의 활주로와 같다고 생각합니다. 비행기가 땅에서 하늘로 날아오르기 위해서는 직선 구간의 활주로를 한참 달려야 합니다. 이륙 직전의 비행기는 보통 시속 200~300킬로미터의 속도로 달립니다. 땅을 박차고 하늘로 날아오르는 한순간을 위해 엄청난 양의 연료를 소모하면서 어마어마한 속도로 달리는 것입니다. 바로 이 구간이 노력의 과정에서 우리가 만나게 되는 고통의 터널입니다.

고통의 터널을 지나는 동안에는 아무리 열심히 노력해도 어제보다 오늘이 나아진 것 같지 않습니다. 그래서 '나는 역시 안 되나 봐. 그렇게 열심히 했는데도 아무것도 달라지는 게 없어. 그냥 예전처럼 적당히 공부하고 적당히 놀면서 마음 편히 살까.' 하고 회의에 빠지게 됩니다.

하지만 활주로를 지나면 비행기는 하늘로 비상합니다. 지루한 직선 구간을 벗어나 하늘로 높이높이 날아오르지요. 비행기가 하늘로 날아오를 때 그리는 이 선을 나는 '성공 곡선'이라고 부릅니다. 우리가 성공에 이르는 과정이 비상하는 비행기의 곡선과 닮았기 때문입니다.

꿈을 이루기 위한 노력을 포기하지 않는 사람은 길고 긴 활주로를 달리던 비행기가 공중으로 붕 날아오르는 순간의 희열을 맛보게 될 것입니다. 길고 지난한 고통의 터널을 지나 원하는 것을 손에 넣은 경험이 있는 사람이라면 아마도 지금 고개를 끄덕이고 있을 것입니다.

성공 곡선은 능률 곡선이기도 합니다. 이륙 후 어느 정도 고도에 이르면 비행기는 단위 시간당 연료의 소모가 줄어듭니다. 우리가 어떤 일을 성취하기 위해 하는 노력도 하면 할수록 능률이 향상됩니다.

예를 들어 책은 처음 읽을 때 가장 힘듭니다. 하지만 같은 책을 두 번, 세 번 반복해서 읽다 보면 처음 읽을 때와는 비교도 안될 만큼 빠른 속도로 읽을 수 있습니다. 이미 내용을 이해한 뒤에 읽는 것이기 때문입니다. 열 번쯤 반복해 읽으면 몇 백 페이지나 되는 책도 10분이면 읽을 수 있습니다.

성공 곡선을 경험해 본 사람들은 고통의 터널을 기꺼이 견뎌냅니다. 고통의 터널을 지나면 그간의 노력을 보상받을 수 있다는 것을 알기 때문입니다. 농부들이 뿌린 씨만큼 수확하는 것이 아니라 수십, 수백, 수천 배의 곡식을 거두듯이 노력도 마찬가지입니다. 그래서 성공 곡선을 알면 고통의 터널을 기꺼이 달려 나갈 수 있습니다.

성공을 위해 하는 노력은 결코 도박이 아닙니다. 결과가 나오기까지 시간이 걸리고, 꼭 성공한다는 보장이 있는 것도 아니지만, 노력하면 할수록 성공 확률은 분명 높아집니다.

" 남다른 노력이
성공을 부른다 "

명예퇴직 후 식당을 개업한 분이 이렇게 하소연했습니다.

"가게가 골목 안에 있어서 그런지 통 손님이 안 드네요. 아침 일찍 일어나 신선한 재료를 구하고, 매일 밑반찬을 새로 만들고, 가게도 늘 깨끗이 청소하고……. 이 이상 뭘 더 어떻게 노력해야 할지 모르겠어요. 가진 돈이 없어서 더 좋은 자리로 식당을 옮길 수도 없고요."

식당의 입지 조건이 나빠서 아무리 노력해도 성공할 길이 보이지 않는다는 얘기였습니다.

이런 하소연은 누구나 합니다. 청소년들은 부모를 잘못 만나서 재능을 발휘하지 못한다거나, 집안 형편이 좋지 않아서 공부하기가 힘들다는 말을 자주 합니다. 지방에 살아서 기회를 잡지 못한다고 말하는 친구들도 있습니다. 하지만 그 친구들이 집안이 넉넉하고 서울에 살면 모두 좋은 성적을 받을 수 있을까요? 좋은 위치에 있는 식당은 모두 장사가 잘될까요?

1980년대 초에 한 약사가 마산의 달동네에 약국을 개업했습니다. 워낙 형편이 넉넉치 못한 사람들이 모여 사는 동네여서 웬만큼 아파서는 도통 약을 사러 오지 않았습니다. 어쩌다가 약국 문이 열리는 소리에 돌아보면 길을 묻거나 전화를 좀 쓰자는 사람뿐이었습니다.

약사는 시내의 좋은 위치에 개업한 친구들을 보며 자신의 처지를 한탄했습니다. 자신의 아버지가 조금만 부자였다면 이렇게 달동네에 약국을 열지 않았을 것이라며 속상해하기도 했습니다.

그렇게 한동안을 개점휴업 상태로 보내고 나니 약국의 미래가 훤히 보였습니다. 이대로 가다가는 얼마 못 가 약국 문을 닫아야 했지요. 고민 끝에 약사는 한 가지 결심을 했습니다. '남다르게 살기로' 결심한 것입니다.

그 후 약사는 길을 물어보는 사람에게 친절하게 약도를 그려 주었습니다. 전화도 얼마든지 빌려 주었습니다. 푸대접받을 것을 각오하고 길을 묻거나 전화를 쓰러 온 사람들은 약사의 친절에 감동했습니다. 그래서 약을 살 일이 있을 때는 일부러 이 약국을 찾았습니다.

약사의 노력은 여기서 끝나지 않았습니다. 약사는 택시를 탈일이 있을 때마다 자신의 약국 이름을 말했습니다. 그렇게 몇 년이 지나자 마산 시내의 웬만한 택시 기사들은 모두 이 약사의 약국 이름을 알게 되었습니다.

당시만 해도 지방에서는 흔하지 않던 자동문도 설치했습니다. 사람들이 자동문을 구경하러 약국에 오게 하기 위한 것이었습니다. 그렇게 10여 년간 약사는 약국을 살리기 위해 200여 가지의 남다른 노력을 기울였습니다. 그 결과 약사의 달동네 약국은 마산에서 제일 손님이 많은 약국이 되었습니다.

이 성공담의 주인공은 바로 김성오 메가넥스트 대표입니다. 서울대 약대를 나와 10여 년 동안 마산에서 약국을 경영한 그는 온라인 교육업체인 메가스터디의 부사장을 거쳐 현재는 메가스터디의 자회사인 메가넥스트의 대표를 맡고 있습니다.

남과 다르게 사는 것은 쉽지 않습니다. 하지만 아무리 타고난 조건이 좋아도 남과 다른 노력을 기울이지 않고, 남이 하지 않는 시도를 하지 않고서는 성공하기 힘듭니다. 남다른 인생을 살고 싶다면 먼저 남다른 노력을 기울여야 합니다. 남다르게 살려고 애쓰는 사람만이 차이를 만들 수 있습니다.

세상은 냉혹합니다. 아무리 큰 꿈이 있어도 눈에 보이는 결과가 없으면 인정해 주지 않습니다. 남과 다른 노력을 기울여야 성공을 꿈꿀 수 있습니다.

흔히 하루를 시작하면서 "오늘도 열심히 살자!" 하고 다짐하는 사람들이 많습니다. 하지만 정말 열심히 살고 싶다면 다짐도 달라야 합니다. "오늘도 남다르게 노력하자!" 남다른 삶, 남다른 노력에 대한 결심이 없으면 사는 모습은 결코 달라지지 않습니다.

남다르게 살겠다는 것은 생각과 말과 행동을 모두 지금까지와는 다르게 하겠다고 결심하는 것입니다. 생각 없이 즉흥적으로 말하는 것은 남다른 것이 아닙니다. 다른 사람이 무심코 하는 말에 함부로 말을 내뱉는 대신, 듣는 사람의 입장을 고려하고 말하는 습관을 들여야 합니다.

행동도 남달라야 합니다. 예를 들어 엄마가 방 청소를 시킨다면 '왜 나에게 이런 일을 시킬까? 학원도 가야 하고, 숙제도 해야 하고 할 일이 태산인데…….' 하며 얼굴을 찌푸리는 대신 즐거운 마음으로 청소를 하면서 '방을 깨끗하게 청소하면 공부가 더 잘될 거야.' 하고 생각을 바꾸는 것입니다. 이런 일이 하나둘 쌓이면 부모님도 점차 여러분을 자기 일은 스스로 책임질 수 있는 성인으로 대하게 될 것입니다.

피할 수 없는 일이라면 긍정적인 면을 찾아 적극적으로 하는 편이 낫습니다. 공부나 일이 힘들다고 꾀를 부리면 결국 소중한 시간만 낭비하게 됩니다. 당장은 이득이 되지 않는 일도 마다하지 않는 것, 싫은 일도 필요하다면 참고 해내는 것이야말로 남다른 생각이며 행동입니다.

인생은 꿈꾸는 만큼, 그리고 노력하는 만큼 달라집니다. 성공을 꿈꾼다면 지금 자신이 얼마나 남다른 노력을 하고 있는지부터 돌아봐야 합니다.

안 되면 바꾸라!
변화가 살 길이다

　네덜란드의 축구 감독 거스 히딩크는 2002년 우리나라 축구 팀을 월드컵 4강에 올렸습니다. 그전까지 한국 축구는 월드컵 본선에서 1승도 올리지 못한 상태였습니다. 히딩크는 도대체 어떤 마법을 부린 걸까요?

　히딩크가 한국 대표팀 감독에 취임할 무렵 한국 축구계는 두 가지 고질적인 문제를 안고 있었습니다. 하나는 훈련 중의 기합이었고, 다른 하나는 선수들의 포지션 고정이었습니다.

　히딩크는 맨 먼저 기합을 없앴습니다. 그는 지도자의 주된 역할이 선수들을 꾸짖고 야단치는 것이 아니라, 체력과 기술을 만들어 주는 것이라고 생각했습니다. 히딩크는 선수들에게 지옥 같은 훈련을 요구했지만, 잘 뛰지 못하는 선수를 야단치는 대신 그 선수에게 맞는 맞춤형 훈련을 시켰습니다. 히딩크에게 훈련 받은 선수들은 전후반 90분을 뛰고도 지치지 않는 체력을 갖게 되었습니다. 자연히 자신감도 높아졌습니다.

히딩크가 한국 축구계에 도입한 또 다른 변화는 포지션 변경이었습니다. 그전까지는 선수마다 포지션이 정해져 있어서 항상 같은 포지션 훈련만 했습니다. 히딩크는 원하는 결과가 나올 때까지 선수들을 이런저런 포지션에서 바꾸어 뛰도록 했습니다. 그리고 그런 관찰 결과를 토대로 각각의 선수가 자신의 장점을 가장 잘 발휘할 수 있도록 유연하게 포지션을 구성했습니다.

히딩크는 선수들 사이의 연배와 서열에 따른 관계도 바꾸었습니다. 선배와 후배 선수 사이의 서열은 축구팀의 성적을 올리는 데 전혀 도움이 되지 않는 낡은 질서였기 때문입니다. 이렇게 히딩크는 변화를 통해 한국 축구팀을 세계 4강의 강팀으로 만들었습니다.

무언가를 바꾸는 것은 결코 쉬운 일이 아닙니다. 스스로가 갖고 있는 고정 관념을 깨는 것만도 여간 어렵지 않습니다. 게다가 어디에나 변화를 생존에 대한 위협으로 느끼는 사람들이 있습니다. 하지만 변화를 시도하지 않고 안주하면 아무런 발전이 없습니다. 일이 잘 안 풀릴 때일수록 과감하게 변화를 시도하는 용기를 내야 합니다.

4

꿈으로 세상을
돌파하라!

꿈은 미래의 것, 마음에 미래를 품어라 ● 과거의 성공과 실패에서 벗어나라 ●
실패는 성공으로 가는 디딤돌이다 ● 지금 인정받으려고 하지 마라 ● 출발선
이 남다르기를 바라지 마라 ● 공부는 미래를 바꾸는 꿈의 사다리

" 꿈은 미래의 것,
마음에 미래를 품어라 "

우리는 종종 눈앞의 일에 빠져서 눈에 보이지 않는 것을 무시합니다. 우리 사회에 만연한 외모 지상주의만 봐도 그렇습니다. 겉으로 보이는 외모로만 사람을 평가하려는 풍조 때문에 취업을 준비 중인 대학생이나 결혼을 앞둔 남녀 중에는 성형 수술을 하는 사람이 많다고 합니다.

특히 청소년기에는 외모에 대한 고민을 많이 하게 됩니다. 나도 학창 시절에 외모에 대한 불만이 많았습니다. '내 머리는 왜 이렇게 클까? 키는 왜 이리 작을까? 머리털은 왜 이렇게 고불댈까?' 대학 입학 후 미팅에 나갔더니 여학생들은 내가 가진 도전

정신이나 노력, 열정에는 통 관심이 없었습니다. 키가 훤칠하게 크고 얼굴이 잘생긴 친구들에게만 호감을 보였지요.

그런데 어느 날, 문득 이런 생각이 들었습니다. '나는 외모를 중요시하는 세상에 대해 불평하지만, 정작 나 또한 다른 사람의 외모만을 보고 있지는 않은가. 내가 외모에 연연하지 않는다면 다른 사람이 내 외모에 대해 내리는 평가에 이렇게까지 전전긍긍할 이유가 없지 않을까?'

그러자 그때까지 나를 짓누르던 외모에 대한 불만이 눈 녹듯이 사라졌습니다. 그리고 '보이지 않는 나'의 모습이 눈에 들어오기 시작했습니다.

사람은 눈에 보이는 육체와 눈에 보이지 않는 마음이 동전의 양면처럼 합쳐져 있는 존재입니다. 사람들은 흔히 눈에 보이는 육체만 중요시하고, 눈에 보이지 않는 마음은 육체의 부속품처럼 여기지만 나는 그렇게 생각하지 않습니다. 인간의 마음은 한 사람의 인생관, 가치관, 사고방식, 철학, 사상, 이념, 종교, 습관, 취미를 모두 포함하는 것입니다. 마음이야말로 사람의 됨됨이를 결정합니다. 마음을 제외한 육체만으로는 결코 온전한 '나'라고 말할 수 없습니다.

나이가 들면서 나는 '보이는 나'는 그다지 중요하지 않다는 사실을 점점 깨달았습니다. 오늘의 나를 만든 것은 '보이는 나'가 아니라 '보이지 않는 나'입니다. 앞서 얘기했던 생각의 틀도 '보이지 않는 나'의 일부입니다. 즉 내 인생을 결정하는 것은 '보이는 나'가 아니라 '보이지 않는 나'입니다.

'보이지 않는 나'는 어떤 모습일까요? '보이는 나'가 육체라는 그릇에 담겨 보인다면, '보이지 않는 나'는 마음이라는 그릇으로 드러납니다. 이 마음의 그릇에는 나의 과거, 현재, 미래가 담겨 있습니다. 지나간 것들에 대한 추억, 슬픔, 기쁨, 분노가 담긴 과거와 지금 벌어지는 온갖 일들에 대한 반응, 판단, 상념의 현재, 그리고 앞으로 일어날 일과 해야 할 일에 대한 꿈, 목표, 계획, 궁리의 미래가 '보이지 않는 나'를 말해 주는 것입니다.

'보이는 나'의 눈에는 현재만 보이지만, '보이지 않는 나'의 마음속에는 과거, 현재, 미래가 동시에 존재합니다. 그런데 마음의 그릇은 크기가 정해져 있어서 과거, 현재, 미래를 무한정 담을 수 없습니다. 하드디스크의 용량에 따라 저장할 수 있는 자료의 양이 정해지는 것과 같습니다.

즉 과거, 현재, 미래 중 어느 하나가 지나치게 많이 들어 있으면, 다른 것을 담을 자리가 줄어들게 됩니다. 그래서 우리는 마음의 그릇에 과거, 현재, 미래를 어떻게 나누어 담을 것인지 늘 고민해야 합니다. 마음의 그릇이 과거, 현재, 미래를 어떻게 담고 있느냐에 따라 우리의 사는 모습이 달라지기 때문입니다. 마음은 우리의 사는 모습을 결정하고, 사는 모습은 우리 인생의 성공과 실패를 결정합니다.

마음의 그릇에서 과거, 현재, 미래가 각각 차지하는 비중을 나는 '시간 포트폴리오'라고 부릅니다. 시간 포트폴리오를 가만히 들여다보면 그 사람의 마음의 구조와 모습을 파악할 수 있습니다.

예를 들어 시간 포트폴리오가 과거에 집중된 사람은 현재 일어나는 일이나 미래에 신경 쓸 여유가 없습니다. 반면 현재에 집중된 사람은 눈앞의 현실에만 매달려 일희일비합니다. 마음의 그릇에 미래만 담는 사람은 공상가입니다. 사실을 외면하며 현실과 동떨어진 행동을 합니다.

가장 좋은 시간 포트폴리오는 미래의 비중이 현재보다 높고, 현재의 비중이 과거보다 높은 상태입니다. 나는 늘 과거 10, 현재 30, 미래 60 정도의 비중으로 마음의 그릇을 채우려고 노력합니다.

사람의 마음은 보통 과거로 가득 차 있습니다. 시간 포트폴리오로 따지자면 과거 60, 현재 30, 미래 10에 가깝습니다. 그래서 늘 해 오던 일을 답습하고, 과거의 틀로 현재를 판단하며, 변화에 둔감합니다. 지금까지 살아온 방식을 순리라고 생각하며 미래를 홀대합니다.

과거, 현재, 미래 중 어느 한 가지만으로 마음의 그릇을 채울 수는 없습니다. 단, 과거와 현재를 많이 담을수록 미래를 담을 공간은 줄어들 것이고, 우리의 미래 또한 그만큼 위축된다는 것을 기억해야 합니다.

꿈과 성공은 모두 미래의 것입니다. 꿈꾸는 사람, 성공을 바라는 사람은 미래를 중심으로 마음의 포트폴리오를 구성해야 합니다. 미래를 많이 생각하고 말하는 사람만이 현실에 안주하지 않고, 지금보다 나아지기 위한 노력을 계속해 성공을 거머쥘 수 있습니다.

" 과거의
성공과 실패에서
벗어나라 "

마음의 그릇을 미래로 채우기 위해서는 먼저 마음속에 있는 과거의 기억들을 비우려고 노력해야 합니다. 과거를 비워 내야 꿈과 비전이 들어갈 공간이 생기기 때문입니다.

우리의 마음을 점령하고 있는 과거는 그것이 좋은 것이든 나쁜 것이든 인생에 별로 도움이 되지 않습니다. 인생에 실패한 사람들은 대부분 과거에서 벗어나지 못한 사람들입니다. 꿈을 이루는 데 있어 가장 큰 장애는 바로 우리가 버리지 못한 과거입니다. 마음의 그릇에서 비워 내지 못한 과거에 비하면 재능의 부족이나 불우한 가정 환경은 아무것도 아닙니다.

특히 머릿속에 떠올리기만 해도 창피하거나 괴로운 기분이 드는 기억은 지금 당장 퍼내야 합니다. 가까운 사람으로부터 받은 마음의 상처, 인격을 무시당한 듯한 모멸감, 나를 깔본 사람에 대한 미움, 간절한 목표에 도전했다가 실패한 기억, 성공한 경쟁자에 대한 질시와 열등감, 마음먹은 대로 되지 않는 세상에 대한 분노 등 부정적인 과거는 마음 깊은 곳에 박혀 있다가 어느 순간 갑자기 떠올라 우리의 현재와 미래를 방해합니다.

만약 "내가 그때 왜 그랬을까?" 하고 후회하는 일이 있다거나 저절로 머리를 흔들며 몸서리치게 되는 부끄러운 기억이 있다면 과감히, 그리고 빨리 퍼내야 합니다. 그러지 않으면 꿈을 향해 나아가는 데 발목을 잡히고 맙니다.

나에게도 '바보의 추억'이 있습니다. 고등학교 2학년 때 꼴찌에 가까운 성적을 받았을 때였습니다. 아버지가 한숨을 푹 쉬시더니 "네가 서울에 와서 바보가 됐구나."라고 말씀하셨습니다. 아버지가 무심코 던진 말에 나는 큰 충격을 받았습니다. 본래 가슴에 비수가 되는 말은 가까운 가족이나 친구가 하는 경우가 더 많습니다.

이럴 때 충격을 받고 주저앉아 버리면 정말로 바보가 되고 맙니다. 나는 아버지에게 대드는 대신, 내가 바보가 아니라는 사실을 증명하기로 마음먹었습니다. 과거에 붙잡히지 않고 미래를 향해 손을 뻗은 것입니다.

내게는 끔찍하게 큰일이고 중요한 일이어도 다른 사람에게는 그렇지 않은 경우가 대부분입니다. 대개 사람들은 자신의 일이 아니면 금세 잊어버립니다. 다른 사람이 기억하지도 못하는 사소한 일 때문에 미래를 발목 잡혀서는 안 됩니다.

물론 과거의 좋은 추억이나 성공담은 잘만 활용하면 성공을 위한 소중한 디딤돌이 될 수도 있습니다. 하지만 과거의 성공에 지나치게 기대면 오히려 미래를 그르치기 쉽습니다.

미국 하버드 대학교의 심리학자 랭거는 과거의 성공에 사로잡혀 몰락하는 '성공 함정'에 대해 설명한 바 있습니다. 아무리 성장에 성장을 거듭하는 기업이라도 시장의 변화를 읽지 못하고 과거의 경험과 전략에만 집착하다 보면 한순간에 무너질 수 있다는 것입니다.

코닥은 카메라 필름의 대명사입니다. 10여 년 전만 해도 텔레비전을 켜거나 잡지를 펼치면 코닥 필름 광고를 흔히 볼 수 있었습니다. 이름만 대면 알 만한 유명 연예인들이 모델로 나선 광고였습니다.

하지만 카메라 필름 분야에서 독보적인 1위였던 코닥은 디지

털 시대의 도래에 대응하지 못해 파산 위기에 처했습니다. 전성기에 코닥의 주가는 90달러에 육박했지만, 2012년 파산 보호 신청을 하기 직전에는 1달러 미만으로 떨어지는 신세가 되었습니다.

코닥이 도산 위기에 처할 것이라고 생각한 사람은 아무도 없었습니다. 하지만 과거의 성공에 취해 디지털 시대를 예측하지 못한 탓에, 코닥은 성공 함정에 빠진 대표적 회사로 회자되고 있습니다.

성공 함정을 피하려면 항상 위기의식을 갖고 지속적으로 혁신을 추구해야 합니다. 코닥도 미래를 읽기 위한 노력을 게을리하지 않았다면 진즉에 새로운 사업 모델을 만들어 낼 수 있었을 것입니다.

이런 성공 함정은 개인의 인생에도 똑같이 적용됩니다. 과거의 성공은 분명 자랑스러운 것입니다. 하지만 그 성공에 취해 버리면 미래를 보는 눈이 흐려집니다. 술에 취한 사람이 앞을 제대로 보지 못하는 것과 마찬가지입니다.

아는 분의 소개로 만난 한 학부모가 이런 이야기를 들려주었습니다.

"저희 아이가 올 초에 특목고에 입학했어요. 처음엔 너무 자랑스러웠지요. 하지만 지금은 잘못 생각한 게 아닌가 걱정이 돼요. 중학교 때까지는 늘 전교 1, 2등을 하던 아이가 지금은 겨우 중간 정도밖에 못하더라고요. 한 번도 그런 등수를 받아 본 적이 없어서 아이도 저도 실망이 이만저만 큰 게 아니에요. 아이가 아무리 공부해도 성적이 오르지 않는다며 낙담하는 모습을 보기도 괴롭고요. 어떻게 하면 좋을까요?"

이 이야기를 듣고 나는 예전의 내 모습을 떠올렸습니다. 고등학교 시절의 내 모습이 겹쳐 보였던 것입니다. 그 학생이 중학교 때 받은 화려한 성적표는 현재와 미래를 붙잡는 덫이 되었을 것입니다. 과거의 성공은 현재와 미래에 아무런 도움도 되지 않습니다.

나는 학생의 어머니에게 "지금의 성적을 과거의 성적과 비교해 비관하거나 아이의 기를 꺾어서는 안 됩니다. 오히려 왜 공부해야 하는지, 무엇을 위해 공부하는지, 공부하면 미래가 어떻게 달라질 수 있는지, 미래에 관한 이야기를 통해 힘과 용기를 주시는 게 좋습니다."라고 말했습니다. 과거의 공부 방법에서 탈피해 특목고에서 우수한 성적을 받은 학생들의 경험담을 참고하는 것이 좋을 것이라는 조언도 덧붙였습니다. 과거의 경험은 설사 그것이 성공적인 결과를 이끌어 냈던 것이라 해도 지금은 별다른 도움이 되지 못하기 때문입니다.

과거의 성공이나 실패에 집착하는 것은 현재와 미래에 아무런 도움이 되지 않습니다. 과거에 성공했다고 우쭐할 필요도, 실패뿐인 인생이었다고 주눅 들 필요도 없습니다. 중요한 것은 누가 더 크게 눈을 뜨고 미래를 바라보느냐 하는 것입니다. 여러분의 인생은 언제나 과거가 아닌, 현재와 미래를 향해 열려 있어야 합니다. 아무도 신경 쓰지 않는 과거의 덫에 스스로 발이 걸려 넘어져서는 안 됩니다.

" 실패는 성공으로 가는 디딤돌이다 "

미국의 발명가 에디슨에게 한 기자가 물었습니다.

"전구를 발명하기까지 천 번도 넘는 실패를 했다고 들었습니다. 전구를 만드는 데 성공한 지금, 기분이 어떠십니까?"

그러자 에디슨은 도통 기자를 이해하지 못하겠다는 얼굴로 이렇게 대답했습니다.

"나는 실패한 적이 없습니다. 전구를 발명하기까지 천 번의 단계를 거친 것뿐입니다."

'실패는 성공의 어머니'라는 말로 유명한 에디슨다운 말이지요? 에디슨의 말대로라면 아무리 뼈아픈 실패를 겪어도 좌절할 필요가 없습니다. 모든 실패는 성공으로 가는 길에 거쳐야 할 과정이니까요.

에디슨은 수많은 사람들이 실패에 지쳐 그만둔 연구를 성공으로 이끈 경우가 많았습니다. 그는 자신의 경험을 바탕으로 이렇게 말하곤 했습니다.

"나는 평생 많은 실패를 겪었습니다. 하지만 모든 실패에는 그것을 극복할 수 있는 방법이 있습니다. 사람은 실패로 인한 어려움과 좌절을 딛고 일어섰을 때에만 진정으로 강해질 수 있습니다. 실패에 낙담해 포기하려는 때가 실은 성공의 문턱을 넘기 바로 직전인 경우가 많다는 것을 기억해야 합니다. 절대 포기하지 마세요. 현실에 만족하지 않고 쉼 없이 노력하다 보면 누구나 성공할 수 있습니다."

많은 사람들이 에디슨처럼 실패를 성공으로 가는 계단으로 여기지 못하고 주저앉는 것은 마음이 급하기 때문입니다. 남보다 빨리 성공하려고 조바심을 내는 것입니다. 하지만 인생은 단거리 달리기가 아니라 마라톤입니다. 100미터 달리기와 달리 마라톤은 육체적인 능력만큼이나 스스로와의 싸움에서 이길 수 있는 정신력이 중요합니다. 매 순간 포기하고 싶은 유혹을 견뎌 내야 42.195킬로미터를 완주할 수 있습니다.

2012년 노벨 생리의학상 수상자인 영국 케임브리지 대학교 존 거던 교수는 '이튼 학교 시절 받았던 생물 과목 꼴찌 성적표'가 자신이 수십 년간 연구에 매진할 수 있었던 힘이라고 말했습니다.

수상 당시 79세였던 거던 교수는 60여 년 전의 성적표를 액자에 끼워 연구실 책상에 놓고 날마다 들여다보았다고 합니다. 그 성적표는 이튼 시절, 성적 부진 학생들을 위해 개설된 생물 수업의 담당 교사였던 개덤 선생님이 작성한 것이었습니다. "거던이 과학자가 되고 싶다는데 현재로서는 상당히 엉뚱한 생각이라고 판단된다. 거던은 생물에 대한 단순한 지식조차 습득하지 못하는 탓에 과학자로 일할 수 있는 기회를 얻기 힘들 것으로 보인다. 그 자신에게나 그를 가르쳐야 할 사람에게나 완전히 시간 낭비가 분명하다."

거던 교수는 과학자가 되기를 꿈꿨지만 선생님의 냉정한 평가에 옥스퍼드 대학교에서 고전 문학을 전공했습니다. 하지만 어린 시절의 꿈을 포기할 수 없었던 그는 결국 동물학으로 전공을 바꾸었고, 1962년 세계 최초로 개구리 복제에 성공했습니다. 이 연구는 이후 에든버러 대학교의 윌머트 교수가 복제 양 돌리를 탄생시키는 초석이 되었습니다.

성공하는 사람은 실패하지 않는 사람이 아니라 실패에도 좌절하지 않는 사람, 실패를 극복할 수 있는 사람입니다. 살다 보면 아무리 열심히 노력해도 예상치 못한 실패를 만나게 될 때가 있습니다. 그때 실패에 어떻게 대응하느냐가 우리 인생의 진짜 성패를 결정합니다. 실패로 자신감을 상실하고 좌절감에서 벗어나지 못하면 실패는 빚이 됩니다. 하지만 실패를 교훈으로 받아들여 도전을 멈추지 않으면 빛나는 자산이 될 수도 있습니다. 인생을 망치는 것은 실패가 아니라 낙담과 좌절, 포기입니다.

실패는 성공을 위해 반드시 거쳐야 할 소중한 과정입니다. 성공한 사람들의 이야기를 들어 보면 모두 실패를 귀중하게 여겼음을 알 수 있습니다. 한 번 실패한다고 해서 인생이 끝나는 것은 아닙니다. 내 운만 다른 사람보다 특별히 더 나쁠 리도 없습니다. 지금까지 실패가 많았다면 앞으로 남은 인생에서는 성공할 확률이 더 크다고 생각하며 도전과 노력을 계속해야 합니다.

늘 햇빛이 쨍쨍하게 내리비추는 맑고 화창한 날이 계속된다면 그곳은 사막이나 다름없을 것입니다. 때로는 비가 오고 눈보라도 치는 곳이라야 여러 식물이 자라고 곡식이 영글 수 있습니다. 우리의 인생도 마찬가지입니다. 실패 없이 늘 성공만 할 수는 없습니다. 또 항상 성공하는 것이 축복받은 인생이라고 보기도 어렵습니다.

지금 인생에 비바람이 불고 눈보라가 치고 있다고 해도 결코 꿈을 포기해서는 안 됩니다. 내일이면 쨍하고 해가 뜰지도 모릅니다. 그때를 놓치지 않고 마음껏 즐길 수 있으려면 지금의 실패를 성공의 밑거름으로 삼을 수 있어야 합니다. 그래야 성공의 꽃이 더 크고 탐스럽게 피어날 수 있습니다.

" 지금 인정받으려고
하지 마라 "

    꿈을 위해 노력하는 사람은 다른 사람의 평가에서 자유로워야 합니다. 세상의 평가는 언제나 온전하지 못합니다. 인간은 눈에 보이는 것만 보고, 귀에 들리는 것만 듣습니다. 당장 보고 듣는 것만 갖고 판단합니다.

    하지만 꿈을 위해 노력하는 사람이 인정받고 싶은 것은 보이지 않는 것, 즉 미래의 자신입니다. 여기서 간극이 생깁니다. 다른 사람은 내가 앞으로 얼마나 달라질 수 있는지 모릅니다. 내가 마음속에 품은 결심이나 의지도 보지 못합니다. 아무리 열심히 살려고 의지를 불태워도, 성실하게 노력해도 지금 당장은 인정받을 수 없습니다. 그래서 노력은 처음 시작할 때가 가장 힘듭니다.

더 나은 인생을 살고자 노력하고 있다면 지금 당장의 세상의 평가는 무시해야 합니다. 다른 사람이 나를 무시하거나 온당한 평가를 해 주지 않는다고 해도 섭섭하게 생각할 필요 없습니다. 그들은 나의 과거와 현재 모습밖에 보지 못합니다. 나의 미래를 보지 못한 채 하는 평가에 마음이 흔들려서는 안 됩니다. 그런 평가에 화내거나 싸우는 것은 시간 낭비일 뿐입니다.

다른 사람이 나를 낮게 평가한다고 해서 대거리를 할 필요도 없지만, 더 나쁜 것은 그 평가 때문에 좌절하고 포기하는 것입니다. 그것은 한창 미래를 생각하며 앞으로 나아가야 할 시점에서 과거에 붙잡혀 주저앉는 것이나 마찬가지입니다.

사람들이 별 생각 없이 던지는 말은 일시적이고 사소한 것에 불과합니다. 지나고 보면 별다른 의미도 없는 경우가 대부분입니다. 말하는 사람조차 진지하게 생각하지 않는 말 때문에 꿈꾸기를 포기한다면 나만 손해입니다. 그로 인한 실패는 결국 나 자신이 책임져야 하니까요.

앞서 나는 성공이 지금의 나와 달라지는 것, 남다른 노력으로 더 나은 결과를 얻는 것이라고 말했습니다. 그리고 남다르게 살려면 생각의 틀을 바꾸고 마음의 그릇을 미래로 채워야 한다고 이야기했습니다. 마음에 가득 찬 과거를 비워 내고, 과거의 속박에서 벗어나서 새로운 마음으로 도전해야 성공할 수 있습니다. 그러려면 지금까지 되풀이해 온 낡은 습관과 사고방식, 마음의 상처, 실패의 추억뿐 아니라 다른 사람의 평가에서도 자유로워져야 합니다.

"사람들이 인정해 주지 않아서 못했다."는 실패하는 사람에게서 가장 흔히 들을 수 있는 핑계입니다. 다른 사람들의 평가는 과거를 바탕으로 이루어집니다. 이전에 실패를 많이 한 사람이라면 세상의 평가가 나쁜 것이 당연합니다.

하지만 그런 평가를 그대로 받아들이는 것은 현재의 모습을 운명으로 받아들이는 것입니다. 남에게 자기 운명을 결정하도록 맡기는 것이지요. 세상의 평가는 우리가 과거에 한 만큼만 얻을 수 있는 것뿐, 결코 우리의 미래를 책임지지 않습니다. 다른 사람들의 평가 때문에 자신감을 잃고 흔들렸다고 변명하는 것은 바보짓입니다. 나 자신의 정신력이 약하다고 인정하는 것뿐입니다.

자기 인생의 주인이 되고자 하는 사람은 다른 사람의 시선과 세상의 평가에서 자유로워져야 합니다. 남의 평가에 신경 쓰다 보면 그만큼 미래를 생각하며 노력할 시간을 허비하게 됩니다.

대학에 갈 수 없을 만큼 형편없는 성적을 받고 주위 사람들에게 낙제생 취급을 받았을 때는 나 역시 공부를 포기하고 싶었습니다. 하지만 나는 내가 할 수 있다는 사실을 믿었습니다. 아니, 믿어야 했습니다.

나는 우선 현실을 받아들였습니다. 세상 사람들에게는 내가 '할 수 있다'는 것은 무의미하고, '했다'는 것만 의미가 있다는 것을 인정했습니다. 대신 나는 최선을 다해 노력하면 반드시 그에 상응하는 결과를 얻을 수 있다는 것을 믿었습니다. 다시 성적을 올리기까지는 길고 지난한 시간을 견뎌야 했지만, 나는 차근차근 내가 꿈꾸는 미래를 현실로 만들어 나갔습니다. 남들은 나를 믿지 않았지만, 나는 나를 믿었기에 가능한 일이었습니다. 남들의 차가운 눈길에 외롭고 지칠 때도 있었지만, 나는 좌절하지 않고 끝까지 나를 믿었습니다. 그리고 결국은 내가 믿은 대로 이루었습니다.

아무리 높은 목표를 세우고 노력한다고 해도 결과가 나오기 전에는 세상으로부터 좋은 평가를 기대할 수 없습니다. 그래서 미래를 생각하는 사람은 꿈을 먹고 살아야 합니다. 과거와 현재에 대한 다른 사람의 평가를 되새김질하면서 사는 사람에게는 미래가 없습니다.

남의 시선이나 평가가 내 인생에 아무런 도움이 되지 않는다는 사실을 일찍 깨달은 덕분에, 나는 내가 이루려는 목표와 상관없는 것에는 거의 신경 쓰지 않게 되었습니다. 또 남의 평가에 연연하지 않고 내가 계획한 대로 꾸준히 노력하는 배포도 갖게 되었습니다.

어떤 사람은 노력하지도 않고, 자존심만 내세우면서 세상의 인정을 받고 싶어 합니다. 하지만 그런 자존심은 아무 의미가 없습니다. 사람들에게 따돌림만 당할 뿐이지요.

자존심을 내세우는 만큼 잘못된 것이 자신을 무능하다고 생각하는 것입니다. 내가 스스로를 무능하다고 생각하면 나의 경쟁자만 기뻐할 것입니다. 내가 잘되기를 원하지 않는 사람들의 평가에 신경 쓰다가 정작 해야 할 일을 소홀히 해서는 안 됩니다. 그때, 나를 망치는 것은 다른 사람이 아니라 바로 나 자신입니다. 남들의 평가로부터 벗어나지 못한 것은 나의 책임이기 때문입니다.

세상의 평가에서 벗어나야 자기 운명의 주인이 될 수 있습니다. 우리는 저마다 능력이 있고, 그 능력을 실현할 수 있는 기회를 갖고 있습니다. 다른 사람의 시선에 휘둘리고 세상의 평가에 흔들리는 대신, 스스로의 능력을 믿는다면 누구나 원하는 인생을 살 수 있습니다.

성공은 자신이 할 수 있다고 믿는 사람에게만 주어지는 축복입니다. 다른 사람의 평가가 아니라, 스스로의 가능성과 미래를 믿어야 합니다.

66 출발선이 남다르기를 바라지 마라 99

중국 춘추 시대의 대표적인 사상가인 공자는 "사람과 짐승 사이에는 소소한 차이가 있고, 사람과 사람 사이에는 그마저도 없다."고 말했습니다.

공자의 말처럼 대부분의 사람들에게는 큰 차이가 없습니다. 지능이 높은 사람, 엄청나게 부유한 사람이 마치 별나라에 사는 사람처럼 보여도 실은 여러분과 별다를 게 없다는 말입니다.

멘사MENSA는 지능 지수가 상위 2퍼센트에 해당하는 사람들의 모임입니다. 그런데 국제 멘사 협회 회장이었던 빅터 세리브리아코프는 무려 17년 동안을 '바보 빅터'로 살았습니다. 초등학교 때 빅터의 지능 지수는 놀랍게도 173이었습니다. 하지만 담임선생님이 앞자리 숫자 1을 보지 못하는 바람에 빅터의 지능 지수는 73이 되어 버렸습니다. 평소 빅터의 말과 행동이 어눌해서, 지능 지수가 높으리라고 생각하지 못한 것입니다. 결국 빅터는 담임선생님의 실수로, 지능 지수 173의 천재에서 지능 지수 73의 둔재가 되고 말았습니다.

졸지에 학교에서 가장 지능 지수가 낮은 학생이 된 빅터는 친구들 사이에서 바보 취급을 당하다가 학교를 그만두었습니다. 그는 그로부터 17년이 지나서야 자신의 지능 지수 검사 결과가 잘못되었음을 알았습니다. 그 후 자신감을 회복한 빅터는 훗날 국제 멘사 협회의 회장 자리에 올랐습니다.

이렇게 지능 지수가 남들보다 높아도 자신에 대해 확신하지 못하면 바보로 살 수도 있습니다. 지능 지수가 좋다는 것이 반드시 남보다 앞선 출발선이 될 수는 없는 것입니다.

우리나라의 김웅용 씨는 세계 10대 천재 중 한 사람으로 손꼽힙니다. 그의 지능 지수는 무려 210으로, 어려서 이틀 만에 한글을 깨치고 다섯 살에 영어, 일어, 독어, 불어를 독파했다고 합니다. 일곱 살 때는 일본 텔레비전에 출연해 미적분 문제를 풀어 보이기도 했습니다. 여덟 살 때 미국 항공 우주국의 초청으로 미국에 건너간 김웅용 씨는 핵물리학과 열물리학 석박사 과정을 공부하면서 연구원으로 일했습니다. 그런데 열여섯 살 되던 해, 그는 돌연 한국으로 돌아와 평범한 인생을 사는 것을 선택했습니다.

현재 공기업에 근무하고 있는 김웅용 씨는 천재로 불리며 살던 때보다 보통 사람으로 살고 있는 지금이 훨씬 더 행복하다고 말합니다. 누구보다 앞선 출발선에 선 것처럼 보였던 김웅용 씨였지만, 스스로 느리게 가는 길을 선택한 것입니다. 남보다 앞서 가는 인생이 반드시 행복한 것은 아닌 셈입니다.

지능 지수가 높다고 반드시 공부를 잘하거나 인생에서 성공하는 게 아닌 것처럼, 돈의 많고 적음 또한 인생의 성패를 결정하지 못합니다.

존 듀퐁은 세계적인 화학 기업인 듀퐁사의 상속자였습니다. 1802년 창립한 듀퐁사는 자본금만 100억 달러(약 12조 원)가 넘는 세계적인 기업입니다. 그가 부모에게 개인적으로 물려받은 재산만도 1억 달러(약 1,200억 원)가 넘었습니다.

존 듀퐁은 타고난 부 덕분에 다양한 분야에 관심을 가질 수 있었습니다. 조류학, 패류학, 우표 수집에 관해서는 책을 몇 권 내기도 했습니다. 또 스포츠 애호가였던 듀퐁은 육상과 레슬링 같은 비인기 종목 스포츠에도 투자를 아끼지 않았습니다. 듀퐁의 스포츠 센터에서 훈련한 수많은 운동선수들이 올림픽에서 뛰어난 성적을 거두었습니다.

하지만 듀퐁은 그 많은 돈 때문에 세계에서 가장 불행한 사람이 되었습니다. 듀퐁은 친구이자 올림픽 금메달리스트인 레슬링 선수 데이비드 슐츠를 1996년 권총으로 살해한 혐의로, 징역 30년형을 선고받았습니다. 재판 당시 변호인은 듀퐁이 정신병을 앓고 있다고 변호했지만, 통하지 않았습니다. 결국 그는 2010년 미국의 한 교도소에서 복역 중에 쓸쓸히 숨을 거두었습니다.

돈, 머리를 비롯한 그 어떤 것도 성공의 결정적 조건이 되지는 못합니다. 오히려 그것들은 적절히 통제하지 못하면 성공의 걸림돌이 될 뿐입니다. 더 나은 결과를 내려면 더 노력하는 것 외에는 다른 방법이 없습니다. 현실적인 조건에 차이가 있건 없건, 결과에 차이를 낼 수 있는 가장 확실한 방법은 노력입니다.

서울 강북 지역에 살거나 지방에 사는 학생들은 유명 학원이 몰려 있는 서울 강남의 대치동에 사는 학생을 부러워할지 모릅니다. 하지만 바로 그런 마음이 더 열심히 공부하는 계기가 될 수도 있습니다. 요즘처럼 인터넷이 발달한 시대에는 공부하려는 마음만 있으면 방법은 얼마든지 찾을 수 있습니다. 인터넷 강의를 활용할 수도 있고, 다양한 참고서적의 도움을 받을 수도 있습니다. 과외를 받을 수 없어서, 유명한 학원에 다닐 수 없어서 공부를 잘할 수 없다고 말하는 것은 그저 게으름에 대한 핑계일 뿐입니다.

남보다 앞서 출발하기를 바라는 것이 어리석은 일인 만큼, 남보다 뒤쳐졌다고 낙담하는 것은 게으른 일입니다. 인생의 출발선이 어디인가는 신경 쓸 필요 없습니다. 중요한 것은 자신이 갈 길을 찾아 치열하게 노력하는 것입니다. '내 머리가 조금만 더 좋았다면', '우리 집이 조금만 더 잘살았다면' 같은 부질없는 소망이나 비현실적인 가정에 매달리는 대신 남보다 더 노력하고 애쓴다면 누구나 자신이 바라는 미래를 손에 넣을 수 있습니다.

" 공부는
미래를 바꾸는
꿈의 사다리 "

　　요즘은 워낙 취업하기가 어렵다 보니 공부는 해서 뭐하느냐고
이야기하는 학생들이 많습니다. 학교에서 공부를 잘하는 것과
사회에서 성공하는 것은 별개라고 생각하는 학생들도 많고요.

　　언뜻 보면 맞는 말같이 보이기도 합니다. 학교에서 배운 지식
이 사회에서 그대로 쓰이지는 않으니까요. 학교에서는 책을 읽
고 글을 쓰고 문제를 푸는 것으로 능력을 시험받지만, 사회에서
성공하려면 문제 해결 능력이 뛰어나고 대인 관계가 좋아야 합
니다. 그럼에도 학교 공부에 인생을 걸 듯 매달려야 하는 이유는
무엇일까요?

과거에는 공부가 인생을 바꿀 수 있는 방법이었습니다. 신분이 세습되던 때, 공부는 제한적이나마 신분을 상승시킬 수 있는 거의 유일한 통로였지요. 하지만 요즘은 공부를 잘하는 것만이 인생을 바꿀 수 있는 방법은 아닙니다. 세계적으로 뛰어난 운동선수가 되면 공부를 잘하는 것보다 더 큰 부와 명예를 얻을 수 있습니다. 음악, 미술, 연예 분야에서 성공하는 것도 마찬가지입니다.

'강남 스타일'이란 노래로 세계적인 가수가 된 싸이는 학창 시절, 부모님에게 꽤나 걱정을 끼쳤다고 합니다. 공부보다 음악과 춤에 빠져 있었기 때문이지요. 미국으로 유학을 떠났을 때도 부모님이 원하는 경영학 대신 음악을 공부하겠다고 나서서 경제적 지원을 받지 못했다고 합니다. 그러자 싸이는 클럽 음악을 편집 녹음해 교포들에게 판매했고, 싸이가 만든 녹음 테이프는 교포들 사이에서 엄청난 인기를 끌었습니다. 싸이의 재능은 춤과 노래를 좋아하고, 사람들과 잘 어울리며, 음악을 편집하고 믹싱하는 데 있었던 것입니다.

이렇듯 인생을 바꾸기 위해 반드시 공부를 잘할 필요는 없습니다. 하지만 공부를 '열심히' 할 필요는 있습니다. 공부를 잘해야 성공하는 것은 아니지만, 공부를 열심히 하면 성공할 확률이 높아지는 것은 사실입니다.

'열심히' 한다는 것은 그 사람이 인생을 '어떻게' 사는지를 보여 주는 것입니다. 꿈을 심고 키우는 사람은 그것이 공부든, 음악이든, 미술이든 열심히 합니다. 열심히 하다 보면 잘하게 되고, 인생을 바꿀 수 있습니다.

그러므로 공부를 열심히 해야 하는 것은 당장의 좋은 성적을 위해서라기보다는 좋은 성적을 올릴 수 있게 하는 생각의 틀을 내 안에 갖추기 위해서입니다. 학창 시절 억지로 공부하는 사람은 사회에 나가서도 억지로 일하기 쉽습니다. 반면에 힘들고 재미없어도 참고 열심히 공부한 사람은, 인생의 중요한 고비에서도 흔들리지 않고 최선을 다할 가능성이 높습니다.

게다가 공부는 지금도 여전히 인생을 바꿀 수 있는 가장 좋은 방법 중 하나입니다. 공부는 '먹고살기 위해'서가 아니라 '지금보다 더 나은' 인생을 살기 위해 하는 것입니다. 빌 게이츠는 미국의 고등학생들에게 이렇게 충고했습니다. "대학 교육을 받지 않았다면 연봉 4만 달러(약 4,500만 원)를 기대해서는 안 된다." 대학 졸업장 없이 미국에서 중산층이 되기는 어렵다는 뜻입니다.

우리는 미국이 평등한 사회라고 생각하지만, 사실 미국은 교육 수준에 따라 사회적 차별이 심한 나라입니다. 빌 게이츠는 학교를 다니는 동안은 공부밖에 할 줄 모르는 학생을 '바보'라고 놀릴 수 있을지 모르지만, 사회에 나가는 순간 바로 그 '바보' 밑에서 일하게 될지 모른다고 충고했습니다.

우리나라에서도 공부만 열심히 하는 학생은 학교 친구들 사이에서 뭘 모르는 바보라고 따돌림받기 쉽습니다. 그렇다고 공부는 안 하고 다른 데로만 눈을 돌리다가는 사회에 나가서 공부만 한 바보 밑에서 일하게 될 수 있습니다.

학교 성적이 평생을 결정하지는 않습니다. 하지만 학창 시절 가졌던 잘못된 생각의 틀을 바꾸지 않으면, 학교 성적이 인생의 성적이 될 수도 있습니다. 학교 공부를 게을리한 것처럼 사회에 나가서도 노력을 게을리하다가는 인생이 바닥으로 떨어질 수도 있는 것입니다.

공부는 일종의 객관적 기록입니다. 아무리 어려운 환경에서도 공부를 잘하면 사회에서 인정받을 수 있습니다. 최근 공교육이 약화되면서 '공부라는 꿈의 사다리'가 점점 좁아지는 것 같아 무척 가슴이 아픕니다. 학교 수업만 충실히 들어도 좋은 대학에 들어가서 원하는 인생을 살 수 있어야 하는데, 그런 가능성이 점점 줄어드는 것 같아 안타깝습니다.

하지만 공부는 돈이 하는 것이 아니라 사람이 하는 것입니다.

분명한 목표를 세우고 노력하면, 여전히 사교육을 받지 않고도 좋은 학교에 진학하는 것이 가능합니다. 교육 당국에서도 다양한 대입 전형을 도입해, 어려운 형편에도 꿈을 잃지 않고 노력하는 학생들에게 기회의 문을 열어 주려고 노력하고 있습니다.

공부는 미래를 향하는 꿈의 사다리입니다. 이 사다리는 구름 위 하늘까지 솟아 있습니다. 사다리를 올라가는 동안은 구름 위의 세상이 보이지 않지만, 끝까지 참고 오르면 상상할 수 없을 만큼 멋진 세상을 만나게 될 것입니다. 공부는 충분히 잘할 만한 가치가 있는 일입니다.

꿈을 이루는 데는
시간이 걸린다

꿈을 이루는 과정은 나무를 키우는 과정과 같습니다. 오늘 씨앗을 뿌린다고 해서 내일 당장 커다란 나무로 자라지는 않습니다. 나무가 자라는 데는 시간이 걸립니다.

꿈도 마찬가지입니다. 꿈을 꾼다고 당장 실현되지는 않습니다. 꿈을 이루기 위해 오늘 하루 열심히 노력했다고 해서 표 나게 달라지는 것도 없습니다. 하지만 그런 하루가 쌓여 일주일이 되고, 한 달이 되면 조금씩 달라집니다. 답답한 고통의 터널을 지나 밝은 태양 아래 성공의 길을 신나게 달릴 수 있게 됩니다.

나는 무슨 일이든 여섯 달은 지속적으로 노력해야 한다고 생각합니다. 여섯 달 정도 꾸준히 공부하면 성적이 오르는 것이 눈에 보입니다. 식당이라면 입소문이 퍼져 손님이 늘기 시작할 것이고, 직장인이라면 동료와 상사로부터 달라졌다는 말을 들을 것입니다.

1년 이상 노력을 계속하면 변화가 확실하게 자리를 잡습니다.

3년이 지나면 탄력이 붙어 남보다 잘하게 되고 주위에서 잘한다는 칭찬이 이어집니다. 그렇게 한 분야에서 10년간 죽어라고 노력한 사람은 최고가 될 수 있습니다.

일곱 살 때 처음 피겨스케이팅을 시작한 김연아 선수는 10여 년 만에 세계 피겨스케이팅 선수권 대회에서 우승했습니다. 그리고 2010년 밴쿠버 동계 올림픽에서 역대 최고 성적으로 금메달을 목에 걸었습니다. 10년간 쌓은 노력은 누구도 쉽게 따라할 수 없습니다.

노력의 결과는 당장은 눈에 보이지 않지만 시간이 지나면 큰 변화를 가져옵니다. 성공을 바란다면 인생을 길게 보고, 10년 정도는 꾸준히 노력한다고 각오를 다져야 합니다.

판사로 일하던 시절, 나는 교통사고를 당해 죽을 뻔한 일이 있습니다. 겨우 목숨은 건졌지만 얼굴이 유리에 갈기갈기 찢겨 쳐다보기도 괴로울 만큼 흉한 흉터가 남았습니다. 나는 매일 '다른 사람이 볼 때 괴롭지 않을 정도만 흉터가 옅어지게 해 달라고' 기도했습니다. 하지만 거울 속에 비친 얼굴은 늘 똑같았고, 한동안 나는 대인 기피증에 시달렸습니다.

사고가 난 지 딱 10년 되던 해에 나는 텔레비전에 출연했습니다. 내심 얼굴의 상처를 걱정했지만 아무도 내 얼굴의 상처를 지적하지 않았습니다. 오히려 인상이 좋다며 칭찬하는 말을 듣기도 했습니다. 그때 나는 무릎을 쳤습니다. 기적은 순간적으로 나타나기도 하지만, 내 얼굴의 상처처럼 오랜 세월을 두고 이루어지기도 하는 것입니다.

시간은 기적을 만들어 냅니다. 겉으로 보이는 상처뿐 아니라 마음의 상처도 시간이 흐르면 어느 정도는 치유됩니다. 또 시간은 상처로 생각했던 것을 인생의 훈장으로 바꿔 주기도 합니다.

우리의 인생은 결코 단거리 달리기가 아닙니다. 몇 년간 일이 풀리지 않았다고 낙담할 필요 없습니다. 크게 성공한 사람들 중에는 대학 입시에서 여러 번씩 떨어진 사람도 있고, 입사 시험에서 수십 번 떨어진 사람도 있습니다. 인생을 정리해야 할 황혼기에 새로운 일을 시작해서 큰 성공을 거두는 사람들도 있습니다.

게다가 인간의 평균 수명은 점점 늘어나고 있습니다. 20세기 초만 해도 인간의 평균 수명은 50세 안팎에 불과했습니다. 하지만 2009년에 태어난 아기의 평균 수명은 80세 가까이 된다고 합니다. 이는 사고사를 비롯해 특별한 이유가 있는 사망의 경우까지 모두 합산한 것이기 때문에, 별다른 사고나 병이 없는 한 100세 가까이 살 수 있다는 뜻입니다.

인생은 길고, 꿈은 늘 우리 생각보다 천천히 이루어집니다.

예를 들어 미국의 국민 화가로 불리는 그랜마 모지스Grandma Moses는 79세에 처음 그림을 그리기 시작했습니다. 농부의 아내로 십남매를 키운 그랜마 모지스는 자수를 놓으며 평범하게 노년을 보냈습니다. 그러다가 관절염으로 더는 자수를 놓을 수 없게 되자 그림을 그리기 시작했습니다. 농가의 분주한 크리스마스 풍경, 떠들썩한 장터, 눈 내린 농촌 풍경 등 그랜마 모지스가 그린 그림들은 보는 사람들로 하여금 절로 미소를 짓게 했습니다.

어느 날 한 미술 콜렉터가 시골 구멍 가게에 걸려 있던 그랜마 모지스의 그림을 몇 점 사 갔습니다. 그리고 그 그림을 본 미술 기획자가 그랜마 모지스에게 뉴욕 현대 미술관에서 전시회를 열 것을 제안합니다. 그렇게 그랜마 모지스는 80세가 넘어 미국의 대표적인 국민 화가가 되었습니다.

많은 사람들이 인생을 너무 짧게 봅니다. 하지만 우리의 삶은 70대에도 얼마든지 새로운 도전이 가능합니다. 그러니 겨우 10대, 20대에 좌절하고 인생을 포기하는 것은 너무나도 어리석은 일입니다.

인생은 예측불허이나, 노력은 결코 우리를 배신하지 않습니다.

5

노력은
과학이다

노력은 시간과 집중력의 합작품 ● 꿈을 위해 몇 시간을 투자할 것인가? ● 시
간 관리부를 작성하라 ● 우선순위를 정하라 ● 나의 강점과 세상의 강점을 읽
어라 ● 웨이팅 리스트를 준비하라 ● 실천 계획을 세워라 ● 집중력이 답이다
● 꾸준한 노력이 타고난 재능을 이긴다

"노력은
시간과 집중력의
합작품 "

"$E=tC^2$"

아인슈타인의 상대성 원리 공식과 비슷한 이것은 '노력 함수'입니다. E는 노력Effort의 첫 글자이고, t는 시간time, C는 집중력Concentration을 뜻합니다.

나는 노력이 시간과 집중력의 합작품이라고 생각합니다. 노력의 결과는 얼마나 시간을 들였는지, 얼마나 집중했는지에 따라 달라집니다. 막연히 열심히 하는 것은 노력이 아닙니다. 남보다 더 많은 시간을 투입했을 때 노력한다고 할 수 있습니다. 남보다 더 집중해야 노력한 것이라고 말할 수 있습니다.

보통 자신이 머리가 좋다고 생각하는 사람들은 노력에 시간을 덜 들이는 경향이 있습니다. 어릴 적부터 남보다 적은 시간은 들이고도 더 좋은 결과를 얻거나 비슷한 결과를 얻었기 때문입니다.

하지만 머리를 믿고 시간을 덜 쓰면 성공에서 점점 멀어지게 됩니다. 노력에 있어 시간의 양은 결코 무시할 수 없습니다. 예를 들어 똑같이 2 정도의 집중력을 갖고 있다고 할 때, 1시간 공부한 사람은 4의 노력을 한 것이지만, 2시간 공부한 사람은 8의 노력을 한 것이고, 3시간 공부한 사람은 12의 노력을 한 것이 됩니다. 노력하는 시간이 많으면 많을수록 노력의 양에 어마어마한 차이가 나는 것입니다.

초등학교 때는 공부 잘한다는 소리를 듣다가, 중고등학교에 올라가면서 점점 뒤처지는 학생들은 대개 공부에 들이는 시간이 적은 경우가 많습니다. 초등학교 때와 달리 중학교에서는 공부할 양이 절대적으로 많아지기 때문에 공부하는 시간이 부족하면 결코 좋은 성적을 거둘 수 없습니다.

머리를 믿고 노력을 안 하면 달리기 경주에서 거북이에게 추월당한 토끼 꼴이 됩니다. 발 빠른 토끼는 한잠 자고 달려도 거북이를 이길 수 있을 것이라고 생각하고 늘어지게 낮잠을 잡니다. 하지만 토끼가 낮잠에서 깨어났을 때 거북이는 이미 결승선을 코앞에 두고 있었습니다. 토끼가 아무리 빨리 달려도 거북이를 따라 잡을 수는 없었습니다. 그것이 시간의 힘입니다. 아무리 머리가 좋은 천재도 노력하지 않으면, 보통 머리의 노력가를 이길 수 없습니다.

하루에 5시간 공부해서 80점을 받은 학생과 1시간 공부해서 80점을 받은 학생이 있으면, 대개는 후자가 더 뛰어나다고 생각할 것입니다. 하지만 나는 인생이라는 긴 마라톤에서 승리할 수 있는 사람은 5시간 공부해서 80점을 받은 학생이라고 생각합니다. 자신이 목표한 바를 이루기 위해 5시간을 기꺼이 투자할 수 있는 사람은 점점 실력이 좋아질 수밖에 없기 때문입니다. 어떤 일이든 오랜 시간을 들여 노력할 수 있는 사람은 자신이 원하는 인생을 살 수 있습니다.

「생활의 달인」은 오랫동안 한 가지 일을 열심히 해 온 사람들을 소개하는 텔레비전 프로그램입니다. 눈감고도 일정한 두께로 떡을 써는 떡집 사장, 수년간 세차를 해 온 세차원, 10여 년간 사람들의 머리를 만진 미용사 같은 이들이 오랫동안 반복한 덕분에 능숙해진 일들을 묘기처럼 선보입니다. 그들도 처음 일을 시작했을 때는 다른 사람들처럼 실수도 하고 속도도 느렸지만, 오랜 시간 하다 보니 능률이 올라서 눈 감고도 할 수 있게 된 것입니다.

물론 시간을 들인다고 모두가 높은 능률을 보이는 것은 아닙니다. 들이는 시간에 차이가 없을 때 노력의 양을 결정하는 것은 결국 집중력입니다. 예를 들어 배가 부른 상태에서 책을 읽는 것과 시험 직전에 책을 읽는 것은 집중력에서 어마어마한 차이가 날 수 있습니다.

시험 날짜를 코앞에 두고서 벼락치기를 하다 보면 평소와 달리 온 신경을 집중해서 책을 읽게 됩니다. 천천히 정독하는 것만이 올바른 학습 방법이라고 생각하는 사람이 많은데, 나는 벼락치기도 괜찮은 공부법이라고 생각합니다. 벼락치기를 하듯이 집중해서 공부하면 짧은 시간 동안에도 상당한 양을 공부할 수 있습니다. 그렇다고 내내 놀다가 시험에 닥쳐서 벼락치기를 하라는 이야기는 아닙니다. 그러면 공부하는 데 필요한 절대 시간을 확보할 수가 없으니까요. 평소에도 벼락치기를 할 때의 긴장감을 갖고 꾸준히 공부하는 것이 가장 이상적인 공부 방법입니다.

" 꿈을 위해
몇 시간을
투자할 것인가? "

여러분은 자신의 꿈을 위해 하루에 몇 시간이나 노력하고 있나요? 선뜻 대답할 수 없다면 실제로 자신이 노력하는 시간을 꼼꼼히 따져 봐야 합니다.

꿈을 이루는 데 있어 시간을 어떻게 활용하는가는 매우 중요한 문제입니다. 시간은 누구에게나 공평하게 주어지므로, 하루 24시간 중 얼마나 많은 시간을 꿈을 위해 노력하느냐에 따라 인생이 결정된다고 해도 과언이 아닙니다.

학생들이 하루에 공부하는 시간을 예로 들어 봅시다. 학교와 학원에서 수업받는 시간, 집에서 혼자 공부하는 시간을 모두 따져 보면 얼마나 될까요? 몇 시간이나 공부해야 충분히 노력했다고 말할 수 있을까요? 공부를 하기 위해 준비하는 시간이나 망상에 잠긴 시간은 제외하고 온전히 공부에 쏟은 시간만을 따져 봐야 합니다.

우리나라 근로자의 하루 법정 근무 시간은 8시간입니다. 학생의 해야 할 일이 공부라고 보면, 최소한 하루에 8시간은 공부해야 평균 정도 노력하는 셈이 됩니다. 학교를 쉬는 토요일과 일요일, 여름 방학과 겨울 방학에는 거의 공부를 하지 않는다고 생각하면 실제로 공부하는 시간은 하루 평균 8시간도 되지 않을 것입니다. 그나마 집중해서 공부하는 시간은 그보다도 더 적을 테고요.

내 경험으로는 최소한 하루에 10시간은 공부해야 열심히 한다고 말할 수 있습니다. 이 10시간은 그냥 책상에 앉아 있는 시간이 아니라 최대한 집중해서 공부하는 시간을 의미합니다. 주말까지 포함해 하루에 10시간씩, 주당 70시간을 집중해서 공부하는 것입니다.

사람들 사이의 지능 지수의 차이는 많아야 20퍼센트 정도입니다. 따라서 매주 다른 사람보다 30퍼센트 이상 시간을 들여 공부하면 웬만한 지능 지수의 차이는 메우고도 남습니다.

나는 고시 공부를 할 때 하루 17시간씩 공부하는 것을 목표로 삼았습니다. 공부뿐 아니라 어떤 일이라도 하루 17시간씩 노력하면 잘할 수밖에 없습니다. 절대적인 노력의 양이 많기 때문입니다. 17시간은 지능의 차이도, 환경의 문제도 모두 극복할 수 있을 만큼 절대적인 양의 노력입니다. 실제로 그렇게 노력한 결과, 나는 열 달 만에 행정 고시에서 수석을 차지했습니다.

나는 하루 17시간이 노력에 대한 나만의 기준이라고 생각했습니다. 그런데 얼마 전『중국이 미국된다』라는 책을 읽다 보니 본문 곳곳에서 '17시간'이라는 말이 눈에 띄었습니다. 뉴욕에 사는 동양인들에 대해 설명한 대목이었습니다.

뉴욕에서 한국인은 식료품 가게를, 중국인은 세탁소를, 인도인은 모텔을 장악하고 있다고 합니다. 그들의 공통점은 모두 하루 17시간, 휴일도 없이 일하는 것이었습니다. 출근이 빠르거나 늦은 고객은 이런 가게를 이용할 수밖에 없습니다. 더 오랜 시간 일함으로써 경쟁력을 높인 것입니다.

뉴욕의 한국인, 중국인, 인도인이 주당 119시간을 일하는 반면 미국인들은 보통 주당 40시간 정도 일합니다. 노력에 들이는 시간이 3배 가까이 차이 납니다. 이 숫자는 무엇으로도 따라잡을 수 없는 절대적 차이입니다.

나는 하루 17시간, 한 주 119시간이 세계 어디서나 성공할 수 있는 노력의 기준이라고 생각합니다. 학생이 공부를 할 때는 물론이고, 낯선 곳에 이민을 갔을 때도, 외국어를 익힐 때도 그 정도 시간을 들여 노력하면 누구나 성공할 수 있습니다.

하지만 그 정도로 노력하지 못한다고 해서 실망할 필요는 없습니다. 사실 그렇게까지 지독하게 노력하는 사람들은 많지 않습니다. 보통은 하루 10시간, 일주일에 70시간 정도만 꾸준히 노력해도 꿈을 이루고 성공을 거머쥘 수 있습니다. 물론 처음 시작하는 사람에게는 하루 10시간 노력하기도 쉽지 않을 것입니다. 10시간은 가만히 앉아 있기만도 힘든 시간입니다. 10시간을 집중해서 노력하다 보면 인간의 한계에 다다른 것 같은 고통이 느껴집니다.

하지만 꿈을 이루고 성공하기를 바란다면 다른 사람보다 더 많이 노력해야 합니다. 남보다 조금 더 노력하는 게 아니라, 남보다 2배 이상 노력하겠다는 결심을 해야 비로소 원하는 결과를 얻을 수 있습니다.

" 시간 관리부를
작성하라 "

고시 준비를 하던 시절, 나는 심각하게 고민했습니다. '왜 하루는 24시간뿐일까?' 하루하루 시험 날짜는 다가오고 공부해야 할 양은 많다 보니 하루가 24시간인 것이 너무나 한스러웠습니다.

그런데 한탄한 것이 우습게도 얼마 후 시간이 거짓말처럼 늘어났습니다. 하루 24시간을 늘릴 수는 없지만, 공부할 시간을 늘릴 수는 있었던 것입니다.

어떻게 쓰느냐에 따라 하루는 24시간보다 길어질 수도, 짧아질 수도 있습니다. 하루를 남보다 길게 쓰려면 무엇보다 쓸데없는 시간을 줄여야 합니다. 손님을 가득 태운 버스가 새로운 손님을

태우려면, 먼저 탄 손님이 내려야 하는 것과 비슷한 이치입니다.

의미 없이 보내는 시간을 줄이기 위해 가장 효과적인 방법 중 하나가 시간 관리부를 쓰는 것입니다. 수첩을 하나 마련해 어떤 일을 할 때마다 분 단위까지 사실 그대로 기록하는 것입니다. 들고 다니기 편한 수첩도 좋고, 메모지 조각도 좋습니다. 아침에 눈 뜰 때부터 잠자는 순간까지 항상 곁에 둘 수 있는 것이면 무엇이든 상관없습니다. 예를 들어 중학생의 시간 관리부는 보통 다음과 같을 것입니다.

오전	6시 7분	기상	오후	4시 30분	떡볶이 집
	6시 15분	세수		5시 10분	집에 도착
	6시 40분	교복 입기		6시 20분	집에서 나옴
	6시 56분	아침 식사		6시 32분	학원 도착
	7시 15분	집에서 나옴		7시	학원 수업
	7시 20분	지하철역 도착		7시 50분	휴식
	8시	자율 학습		8시 50분	핸드폰 게임
	8시 50분	수업 시작		9시	학원 수업
오후	12시 35분	점심 식사		9시 50분	학원 수업 끝
	12시 55분	매점		10시 19분	집에 도착
	1시 15분	영어 단어 공부		10시 35분	샤워
	1시 25분	수업 시작		11시	텔레비전 시청
	4시10분	수업 끝		11시 40분	취침

하루 동안 작성한 시간 관리부는 잠자리에 들기 전에 점검합니다. 의미 없이 보낸 시간은 없는지, 공부를 하거나 운동을 하는 등 나를 위해 의미 있는 노력을 하는 데 필요한 시간을 더 확보할 방법은 없는지 궁리해 보는 것입니다.

시간 관리부를 써 보면 의외로 우리가 하루 중에 의미 없이 보내는 시간이 많다는 것을 알 수 있습니다. 위에서 살펴본 중학생의 시간 관리부에서는 학교와 학원에서 수업 중간에 쉬는 시간이 2시간도 넘습니다. 이 시간을 그냥 흘려버리지 않고 영어 단어를 암기하는 시간으로 정해 두면, 한두 달 뒤에는 꽤 많은 단어를 외울 수 있을 것입니다. 또 지하철이나 버스로 이동하는 시간, 무심코 텔레비전을 시청하는 시간, 점심시간에 친구들과 잡담하는 시간들도 그냥 보내기 아까운 시간입니다.

나도 고시 공부를 할 때 시간 관리부를 쓰면서 불필요한 시간들을 착실하게 줄여 나갔습니다. 잠자고 밥 먹는 시간 외에는 더 줄일 시간이 없어졌을 때, 나는 밥을 먹으면서 공부할 수 있는 묘책을 떠올렸습니다. 바로 비빔밥이었습니다.

젓가락질을 하면서 책을 볼 수는 없지만, 숟가락질을 하면서는 가능했습니다. 나는 큰 사발에 밥과 반찬을 넣고 비빈 다음 책을 보면서 밥을 먹었습니다. 씹고 소화시키는 시간을 절약하기 위해 반찬은 될 수 있는 대로 잘게 썰었고, 고기처럼 질긴 것은 가루로 만들어 넣었습니다. 그렇게 해서 나는 공부하는 데 필요한 시간을 하루에 2시간 정도 더 확보할 수 있었습니다.

2시간의 차이는 의외로 큽니다. 하루 24시간 중 잠자는 시간을 제외한 시간의 10퍼센트가 넘는 시간이니까요. 1년이 지나면 다른 사람보다 700시간 이상을 더 공부할 수 있는 셈입니다. 이 정도의 시간 차이는 아무리 머리가 좋아도 절대로 따라 잡을 수 없습니다.

미국에서 변호사 생활을 할 때 만난 친구들은 식사를 샌드위치나 햄버거, 배달 음식으로 때우는 경우가 많았습니다. 한 손에는 샌드위치, 다른 한 손에는 서류를 들고 먹으면서 일하는 것입니다. 나도 특별한 약속이 없을 때는 그렇게 일했습니다.

길에서 버리는 시간도 만만치 않습니다. 학창 시절 나는 길을 갈 때나 차를 탈 때, 늘 책을 들고 다녔습니다. 컬럼비아 대학교 로스쿨에 다닐 때는 등하교 길에 들을 강의 테이프를 따로 만들어 반복해서 들었습니다. 요즘도 차를 타고 다닐 때면 유튜브The YouTube에서 오바마 대통령의 연설이나 백악관 기자 회견을 보거나 테드TED 사이트에 접속해 기술, 엔터테인먼트, 디자인에 관한 최신 이론들을 찾아봅니다.

잠도 노력하면 어느 정도는 줄일 수 있습니다. 건강한 사람은 일정한 시간이 되면 뇌 속에서 멜라토닌이라는 수면 호르몬이 분비됩니다. 이때 잠깐만 자고 일어나겠다고 책상에 엎드렸다가는 아침까지 눈을 뜨지 못합니다. 잠을 줄이려면 졸음이 올 때 절대 엎드리면 안 됩니다. 멜라토닌이 분비되는 시간은 기껏해야 30분 정도입니다. 그 시간만 견디면 졸음을 극복할 수 있습니다. 멜라토닌 분비가 끝난 뒤이기 때문입니다. 그러면 마치 소나기가 지나간 것처럼 맑은 정신으로 다시 집중할 수 있습니다.

첫 번째 졸음이 지나가고 몇 시간이 지나면 두 번째 졸음이 밀려오는데, 그때는 자야 합니다. 몸이 정말 피곤하다는 뜻이기 때문입니다. 두 번째 졸음에도 자지 않으면 몸이 상합니다. 무턱대고 졸음을 이기려고 버티다가 몸이 상하면 공부고 뭐고 아무것도 할 수 없게 됩니다. 첫 번째 졸음은 버티고, 두 번째 졸음에는 슬며시 져 주는 것, 그것이 잠에 승리하는 법입니다.

시간 관리부는 시간을 아끼려고 노력하는 습관이 몸에 밸 때까지 지속적으로 쓰는 것이 좋습니다. 그래야 쓸데없이 보내는 시간을 줄여 다른 사람보다 긴 하루를 살 수 있습니다.

시간 관리부를 쓰면 자연스럽게 낭비하는 시간을 줄일 수 있습니다. 시간은 어떻게 활용하느냐에 따라 보석보다 더 귀하게 쓸 수도 있고 바닷가의 모래처럼 양손가락 사이로 줄줄 하찮게 흘러 버릴 수도 있습니다.

시간을 얼마나 의미 있게 쓸 수 있느냐 못지않게 중요한 것이 시간을 허비하지 않는 것입니다. 시간을 효율적으로 사용하는 법을 익히면 어떤 어려움과 역경에도 흔들리지 않게 될 것입니다. 세상에 절대적인 양의 노력으로 극복하지 못할 문제는 아무것도 없습니다.

" 우선순위를 정하라 "

하루를 길게 쓰려면 노력하는 시간을 늘리는 것과 동시에 일의 우선순위를 정할 수 있어야 합니다. 인생을 살다 보면 꼭 해야 할 일들이 한꺼번에 밀려오는 때가 종종 있습니다. 하지만 누구도 여러 가지 일을 동시에 할 수는 없습니다. 그래서 어떤 일을 먼저 할지 우선순위를 정하는 것이 중요합니다.

일반적으로 사람들은 힘든 일을 미루고 쉬운 일을 먼저 하려는 경향이 있습니다. 나도 헬스클럽에서 운동을 하기 전에 괜히 신문을 보거나 음료수를 마시면서 시간을 보내는 경우가 종종 있습니다. 몸이 본능적으로 힘든 일을 미루는 것입니다. 그러다 보면 정작 운동은 하지도 못하고 돌아가는 일도 있습니다. 운동할 시간은 정해져 있는데 다른 일을 하느라 시간을 낭비한 탓이지요.

쉬운 일, 당장 마음을 끄는 일은 길게 봤을 때 인생에 도움이 되지 않는 경우가 많습니다. 꿈을 이루고 싶은 사람이라면 힘들거나 재미없더라도 마땅히 할 일을 먼저 해야 합니다.

우선순위를 정하는 또 다른 방법은 중요하다고 생각하는 일을 먼저 하는 것입니다. 언뜻 그럴듯해 보이는 방법이지만 실제로 적용해 보면 문제가 많습니다. 예를 들어 이 방법대로라면 큰 시험을 눈앞에 둔 남학생이 공부를 하는 대신 여자 친구와 시간을 보내는 데 우선순위를 둘 수도 있습니다. 시험보다 평생을 같이할 짝을 찾는 일이 더 중요하다고 생각하면서요.

하지만 어떤 일이 중요한지 아닌지를 객관적으로 판단하기란 어려운 일입니다. 지금 중요하다고 생각되는 일이 나중에 보면 전혀 중요하지 않을 경우도 많습니다. 시험공부 대신 선택한 여자 친구와 얼마 못 가서 헤어졌는데, 시험을 다시 보려면 수년을 기다려야 하는 일도 있는 것이지요.

그래서 나는 우선순위를 정할 때 일의 중요도나 내가 좋아하는 일인지를 보는 대신, 시간 순서를 따져 봅니다. 내 앞에 놓인

A와 B라는 일에 대해 스스로에게 이렇게 질문을 던져 보는 것입니다.

'A를 먼저 할 경우, 나중에 B를 할 수 있는가?'

'B를 먼저 할 경우 나중에 A를 할 수 있는가?

A를 먼저 하면 나중에 B를 할 수 없지만, B를 먼저 하면 일을 끝낸 후 A도 할 수 있는 경우, 나는 B에 우선순위를 둡니다. 설사 A가 B보다 중요한 일처럼 보이더라도 그렇게 합니다. A를 먼저 하는 것은 B를 포기하는 것이지만, B를 먼저 하는 것은 A를 잠시 미루는 것이기 때문입니다.

이런 방식으로 우선순위를 정하면 실패할 확률이 낮습니다. A가 중요한 일이라고 생각해서 먼저 한 사람은 나중에 B가 더 중요하다고 깨닫게 되는 경우에도 B를 할 수 없어 낭패를 보게 되지만, B를 먼저 한 사람은 A도 할 수 있으므로 후회할 일이 적습니다. 이렇게 우선순위를 일의 중요도가 아니라 시간 배열로 판단하는 것을 나는 't1t2 판단법'이라고 부릅니다.

아는 변호사 중에 고등학교 때까지 축구 선수로 뛰었던 사람이 있습니다. 그는 체육 특기자로 대학에 진학했습니다. 대학생이 되기는 했지만 수업에는 거의 들어가지 않았습니다. 중고등학교 때도 마찬가지였습니다. 운동선수들은 수업 시간에 들어가지 않아도 출석 처리를 해 주었고, 운동만 하기에도 시간은 늘 모자랐습니다.

어느 날 그는 발목을 다쳐 선수 생활이 끝날 위기에 놓이게 되었습니다. 프로 선수로 활동하다가 지도자가 되려던 인생의 계획이 완전히 틀어져 버려 그는 크게 절망했습니다.

그는 뒤늦게 공부에 매달렸습니다. 친구와 만나기로 한 커피숍을 눈앞에 두고도 영어로 쓰인 간판을 읽지 못해 헤맬 정도였으니, 공부가 쉬웠을 리 없습니다. 그는 공부에도 때가 있다는 어른들 말씀을 절실히 깨달았습니다.

그렇게 몇 년을 고생한 끝에 그는 사법 시험에 합격해 변호사가 되었습니다. 발목을 다쳤을 때는 세상이 끝난 것 같았지만, 이제 그는 그 일이야말로 인생을 바꾼 결정적 계기였다고 말합니다.

그는 운동하는 후배들에게 늘 나중을 생각해서 틈틈이 공부하라고 충고한다고 합니다. 학창 시절 자신이 인생에서 가장 중요하다고 생각했던 운동만 한 결과, 그 길이 막혔을 때 얼마나 암담했는지 처절하게 경험했기 때문입니다.

인생을 길게 보면 지금 해야 할 일의 우선순위가 보입니다. 농사에 계절이 있고, 과일에 제철이 있듯 인생의 각 시기에는 꼭 해야 할 일들이 있습니다. 당장 중요하게 보이는 것이 실제로는 내

년에 해야 할 일일 수도 있고, 지금은 불필요해 보이는 일이 나중에 꼭 필요한 일이 될 수도 있습니다.

지금도 우리나라에서는 아이돌 스타나 운동선수가 수업에 빠지는 일이 빈번합니다. 얼핏 생각하면 춤과 노래에 재능이 있는 아이들은 학교 수업을 듣는 것보다 일찍 연예계에 데뷔하는 것을 목표로 노력하고, 운동에 재능이 있는 아이들은 올림픽에서 메달을 따는 것을 목표로 운동하는 것이 합리적으로 보입니다.

하지만 t1t2 판단법으로 생각해 보면, 학생으로서 공부할 시기를 놓치는 것은 큰 문제입니다. 유명한 스타가 되거나 올림픽에서 메달을 따면 다행이지만, 그렇지 않을 경우 다시 공부할 기회를 갖기 힘들기 때문입니다. 스타가 되거나 메달을 따는 사람보다 그렇지 않은 사람이 훨씬 많다는 점을 생각하면 더욱 그렇습니다. 실제로 미국과 유럽 여러 나라에서는 아무리 유명한 스타나 운동선수라도 일정 시간만큼은 반드시 수업에 참여하도록 하고 있습니다.

실패한 인생을 사는 사람은 정말 해야 할 일이 아니라 당장 그럴싸해 보이는 일에 매달리는 사람입니다. 내게 다양한 분야에서 성공한 비결이 무엇이냐고 묻는 사람들이 많은데, 그럴 때마다 나는 t1t2 판단법을 실천한 덕분이라고 말합니다. 나는 내가 가진 시간, 물질, 마음, 건강을 어떤 순서로 쓸 것인지 파악한 다음 매순간 최선을 다해 왔습니다. 처음부터 한꺼번에 하려고 했다면 다 할 수 없었을 많은 일들을 그런 식으로 하나하나 이루어, 남이 보기에는 불가능할 정도로 다양하고 많은 일을 한 사람이 된 것입니다.

" 나의 강점과
세상의 강점을
읽어라 "

t1t2 판단법으로도 우선순위를 결정할 수 없는 경우에는 어떻게 해야 할까요? A, B 두 가지 일을 동시에 할 수는 없지만 한 번에 하나씩 하면 둘 다 가능하다면, A와 B 중 어느 것을 먼저 해야 할까요? 대학을 다니다가 휴학하고 군 복무를 할 것인지, 아니면 대학을 졸업하고 군에 갈 것인지를 선택하는 것이 이런 경우에 해당할 것입니다.

또 고등학생이 문과와 이과 중 하나를 선택해야 할 때와 같은 경우는 어떻게 해야 할까요? A, B 중 하나를 반드시 포기해야 하는 경우 말입니다.

이런 경우, 많은 사람들이 더 중요한 일을 선택해야 한다고 생각할 것입니다. 하지만 나는 중요한 것이 아니라 강한 것을 선택 기준으로 삼아야 한다고 믿습니다.

먼저 내 입장에서 강한 것을 선택할 수 있습니다. 여기서 강한 것이란 자기가 가지고 있는 능력, 지식, 기술, 경험 같은 여건에 비추어 남과 똑같이 하더라도 더 좋은 결과를 기대할 수 있는 것, 남보다 열심히 하면 더 나은 결과를 낼 수 있는 것을 말합니다. 한마디로 비교 우위에 있는 것입니다.

성공이란 이전의 나보다 나아지는 것, 더 나은 결과를 얻는 것입니다. 그러므로 가능한 여러 목표 중에서 남보다 더 잘할 수 있는 일을 선택해야 합니다. 변호사가 검사보다 더 많은 돈을 벌 수 있다고 해도, 변호사보다 검사를 더 잘할 것 같다면 검사의 길을 선택할 수 있어야 합니다.

만약 내 입장에서 강한 것을 찾지 못했다면, 세상에서 볼 때 강한 것을 선택하는 것도 한 방법입니다. 시대나 사회 흐름에 비추어 강한 것을 선택하는 것입니다. 사업가라면 현재 시장이 강하게 형성된 상품, 시장의 성장 잠재력이 큰 상품을 선택할 수 있을 것입니다. 당장은 경쟁이 힘들지 모르지만 당장 하기 편한 일, 멋져 보이는 일을 선택했을 때보다는 성공 확률이 높을 것입니다.

대학 전공이나 직업을 선택할 때는 우선 남보다 잘할 수 있는 분야를 선택해야 합니다. 선진국에서는 학력과 경력을 체계적으로 계획하고 관리하는 사람이 많습니다. 생소한 분야를 즉흥적으로 선택하는 것이 아니라, 지금껏 해 온 생각과 경험을 바탕으로 자신이 가장 잘할 수 있는 일을 선택하는 것입니다.

그래도 어느 전공이나 직업을 선택할지 잘 모르겠을 때에는 세상의 선택을 따르는 것도 한 방법입니다. 예를 들어 1990년대 후반에는 IT 분야가 각광받았습니다. 대학 입시에서도 전자 공학이나 컴퓨터 공학과가 의대보다 경쟁률이 높았습니다. 실제로 IT 산업은 수십 년간 우리나라 경제를 이끌어 왔고, 많은 사람들에게 기회를 제공했습니다.

꿈을 이루고자 한다면 인생을 길게 보고 세상의 큰 흐름을 읽을 수 있어야 합니다. 세상의 흐름을 읽어 그 속에서 꿈과 목표를 선택해야 합니다. 인생의 목표와 전략을 시대의 흐름에 맞추는 것입니다.

지금 우리나라는 글로벌 선도 국가로 변신하고 있습니다. 글로벌화에 발맞추어 외국어 실력을 높이고, 외국에 관한 지식과 경험을 쌓으면 여러 모로 도움이 될 것입니다. 개방과 이동성에 대비하여 어떤 일이 주어지더라도 해낼 수 있는 융통성을 갖추고, 다양한 문화와 사고가 섞이는 사회에 적응하기 위해 열린 마음으로 균형 있게 사고하는 훈련을 하는 것이 좋습니다. 효과적으로 의사소통할 수 있는 커뮤니케이션 능력을 갖추고, 다른 사람과 원만하게 지낼 수 있는 친화력과 인성을 키우고, 예술과 문화에 대한 소양도 쌓아야 합니다.

세상에서 살아남기 위한 경쟁은 점점 치열해지고 있습니다. 인생을 취미처럼 살면서 성공을 바라서는 안 됩니다. 꿈과 목표를 선택할 때부터 자신의 강점을 살려 최선을 다해야 합니다.

" 웨이팅 리스트를
준비하라 "

하루를 꼭 짜인 시간표에 따라 생활하는 사람들이 있습니다. 시간표에 맞추어 규칙적으로 생활하는 것이 성공에 도움이 된다고 생각하기 때문일 것입니다. 하지만 시간표에 따르는 삶이 반드시 모든 사람에게 잘 맞는 것은 아닙니다.

세상에는 규칙적으로 성실하게 사는 사람, 규칙적으로 나태하게 사는 사람, 불규칙적으로 열심히 사는 사람, 불규칙적으로 나태하게 사는 사람이 있습니다. 나는 그중 세 번째 경우에 해당합니다. 어떤 일을 최선을 다해 돌파해야 할 경우에는 하루에 17시간씩 집중해서 노력하지만 그렇지 않을 때는 융통성 있게 시간을 활용합니다.

세상일이란 결코 계획한 대로만 흘러가지 않습니다. 공부하는 중에 갑자기 화장실에 갈 일이 생기기도 하고, 한창 일하는데 누군가 찾아와서 잠깐 이야기를 해야 할 때도 있습니다. 학교 선생님이나 학원 선생님에게 일이 생겨 예상치 못한 결강이 생기기도 합니다. 따라서 하루에 할 일이나 공부할 양은 계획하되, 몇 시부터 몇 시까지 얼마만큼 공부할 것인가를 너무 세세하게 정하는 것은 좋지 않습니다.

만일 체육 시간에 운동장에서 피구를 하기로 했는데 소나기가 쏟아져서 자습을 해야 한다고 합시다. 시험 기간이 가깝지 않는 이상, 대개의 아이들이 선생님 눈을 피해 수다를 떨거나 게임을 하면서 시간을 보낼 것입니다. 하지만 당초 계획한 일이 어그러졌다고 놀면, 그 시간은 인생에서 영원한 공백이 됩니다.

그러므로 예상치 못한 일로 계획이 어긋났을 때를 대비한 웨이팅 리스트를 준비해 두어야 합니다. 예를 들어 갑작스런 자습 시간에는 영어 단어장을 놓고 스스로 시험을 보거나, 평소 잘 풀리지 않는 수학 문제의 풀이 과정을 점검하는 것입니다. 연대기별로 중요한 역사적 사건들을 복습하는 시간으로 활용할 수도 있을 것입니다.

갑작스럽게 시간이 날 때 할 일이 준비되어 있는 사람과 그렇지 않은 사람 사이에는 큰 차이가 있습니다. 웨이팅 리스트가 없는 사람은 남는 시간을 주체하지 못하고 그냥 흘려버립니다. 준비된 웨이팅 리스트가 없다 보니 할 일이 없는 것으로 착각하는 것입니다.

인생을 효율적으로 산다는 것은 빈 시간을 꽉 채우는 것입니다. 친구가 점심 약속 시간에 늦는다면 문만 쳐다볼 게 아니라 신문이라도 달라고 해서 읽는 편이 낫습니다. 나는 그런 경우에 노트북이나 스마트폰을 활용해 인터넷에서 정보를 얻거나 글을 씁니다. 매일의 삶에서 갑자기 비는 시간을 채울 수 있는 준비를 해두어야 허비하는 시간을 없앨 수 있습니다.

시간을 잘 활용하는 사람들은 처음 세운 계획에 크게 얽매이지 않습니다. 예를 들어 국어, 영어, 수학 세 과목을 매일 똑같은 시간 동안 공부하기로 했다고 해도 국어 공부가 잘 된다면 공부 시간을 늘립니다. 대신 내일 국어 공부를 조금 덜 하면 됩니다. 또 세 과목 중에서 수학을 정복해야 다른 것도 잘할 수 있을 것 같다면, 수학을 집중적으로 공부해서 어느 정도 궤도에 오른 다음 국어와 영어를 공부할 수도 있습니다.

많은 사람들이 먼저 시간표를 짜고 그대로 움직여야 한다고 생각하지만, 사실은 시간표를 짜는 것보다 일의 목록을 만드는 것이 우선입니다. 시간표는 사정에 따라 바꿀 수 있어야 합니다. 시간표에 붙잡히지 않고 미래의 결과가 최선이 될 수 있는 순서를 유연하게 생각하는 것이 중요합니다. 그러려면 수시로 계획을 점검하면서 보다 나은 결과를 얻을 수 있는 순서가 무엇인지를 생각해 보는 버릇을 들여야 합니다.

성공하는 사람은 계획하되, 그 계획을 유연하고 탄력 있게 조절할 줄 아는 사람입니다.

" 실천 계획을 세워라 "

성공한 사람은 무슨 일이든지 계획하면 그대로 실천하려고 노력합니다. 성공은 우연히 주어지는 게 아닙니다. 계획적으로 노력해서 얻는 것입니다. 최선을 다하자는 식의 다짐은 현실에서는 통하지 않습니다. 막연한 계획은 우연과 다를 바 없습니다. 무엇을 어떻게 해야 할지, 구체적으로 실천할 계획을 세워야 합니다. 나는 이것을 '실천 계획'이라고 말합니다.

실천 계획을 작성하는 데에는 순서가 있습니다.

첫째, 어떤 노력을 어느 정도 해야 목표를 달성할 수 있는지 파악해야 합니다.

목표를 이루기 위해서 필요한 전체 노력의 항목을 열거하고, 항목별 분량을 구체적으로 따져 봐야 합니다. 시험을 준비하는 학생이라면 무슨 과목을 공부해야 하고, 과목별로 어떤 책을 공부해야 하며, 각각의 책을 몇 번 읽어야 하는지 계획해야 합니다. 또한 이런 실천 계획을 눈앞에 생생하게 그릴 수 있어야 합니다. 이것을 형상화라고 합니다.

둘째, 예정된 시한까지 목표를 달성하기 위해 해야 할 일의 순서와 분량을 정해야 합니다. 즉 일정을 짜는 것입니다.

큰 시험을 준비 중이라면 먼저 공부해야 하는 책이 몇 권인지, 각 책의 페이지 수가 얼마인지를 따져 봐야 합니다. 그런 다음 시험까지 남은 시간을 계산해서 읽을 책의 순서를 정하고, 매달 공부할 양과 매일 공부할 양을 나누어야 합니다. 예를 들어 시험까지 300일이 남았고 권당 500쪽짜리 책 20권을 6번 읽기로 계획했다면 매일 평균 200쪽을 읽고 공부해야 합니다.

셋째, 실천 계획은 실행이 가능하도록 세워야 합니다.

시험을 준비하는 동안에는 감기 몸살로 쉬는 날도 있고, 집안 사정이나 기타 이유로 공부를 할 수 없는 날도 있을 것입니다. 따라서 시험까지 300일이 남았다고 해도 실제로 공부할 수 있는 날은 285일 정도라고 생각하고 하루에 공부할 양을 조정해야 합

니다. 초기에는 아무래도 능률이 오르지 않아 진도가 느릴 것이
므로 책을 첫 번째, 두 번째 읽을 때는 하루에 150쪽~160쪽씩
읽고 세 번째, 네 번째에는 200쪽~210쪽씩 읽고 책 읽는 속도가
빨라지는 다섯 번째 이후에는 250쪽 이상씩 읽는 것으로 계획하
는 것이 현실적입니다.

넷째, 실천 계획표를 작성해야 합니다.

계획은 머릿속에 세우는 것이 아니라 종이 위에 구체적으로
짜야 합니다. 실천 계획표를 작성하면 노력을 짜임새 있게 할 수
있을 뿐 아니라, 시간 낭비를 줄일 수 있습니다.

실천 계획을 작성한 사람은 오늘 할 일이 무엇인지, 얼마만큼
해야 하는지를 알고 있기 때문에 아침부터 부지런히 움직입니
다. 반면에 구체적인 실천 계획 없이 막연히 열심히 하겠다고 생
각하는 사람은 긴장하거나 집중하기가 쉽지 않습니다.

인생을 낭비 없이 산다는 것은 쉬지 않고 일한다는 뜻이 아닙
니다. 휴식도 계획에 포함되어야 할 중요한 부분입니다. 합리적
으로 휴식을 계획하고, 그에 맞춰 쉬어야 무의미하게 보내는 시
간을 줄일 수 있습니다.

실천 계획 없이 사는 사람은 보통 눈뜬 시간의 3분의 1을 무
의미하게 보냅니다. 피곤하면 쉬고, 지루하면 멈추다 보니 시간

이 허무하게 흘러갑니다. 딴에는 성실하게 시간을 보낸다고 생각하지만 거기에는 미래를 위한 밀도 있는 노력이 없습니다. 실천 계획을 작성하고 그에 맞춰 사는 사람은 예정된 휴식 시간까지는 쉬지 않고 버티려고 애씁니다. 휴식이 예정되지 않은 중간에 쉬어야 하는 경우는 도저히 견딜 수 없는 피곤함이 엄습하는 경우입니다.

하루만 놓고 보면 실천 계획을 세워서 노력하는 사람과 계획 없이 사는 사람 사이에 큰 차이가 없을지도 모릅니다. 하지만 시간이 쌓이면 무서운 차이가 납니다. 두 사람 사이에 난 하루 5시간의 차이는 300일이면 1,500시간이 되고, 2년 뒤면 3,000시간 넘게 차이가 납니다. 그것은 잠깐의 노력으로 따라잡거나 메울 수 있는 양이 아닙니다.

특히 시험 준비를 위한 실천 계획표라면, 시험까지 남은 기간 동안 매일 얼마나 공부했는지 진행표를 작성하는 것이 좋습니다. 진행표의 세로 칸에는 해야 할 공부를 항목별로 표시하고, 가로 칸의 맨 위에는 날짜를 표시합니다. 그리고 각 기간별로 공부해야 하는 양을 선으로 표시합니다. 그 위에 실제로 공부한 내용을 다른 색으로 표시하면 계획과 매일의 진도를 한 눈에 파악할 수 있습니다.

진행표는 세부적인 내용까지 잘 보이도록 크게 만들어야 합니다. 그래야 항상 진행표를 보면서 오늘 할 일과 앞으로 할 일이 무엇인지를 확인하고, 의식적으로 진도를 지키도록 마음에 채찍질을 할 수 있습니다.

계획대로 진도가 나가고 있는지 수시로 점검하는 것도 중요합니다. 중간 중간 그날 할 일이 시간대별로 순조롭게 진행되고 있는지 살펴보고, 자기 전에 진행표에 그날 한 일을 표시해서 일주일마다 그 주에 한 일을 점검합니다. 이런 식으로 계획된 사항과 진행된 사항을 비교해 가며 노력하면 자신과의 게임에서 이길 수 있습니다.

진도를 맞추려면 피나는 노력이 필요합니다. 진도를 점검하면서 노력해 보면 대개 당초 계획한 진도보다 조금씩 밀리는 것을 알 수 있습니다. 조금만 방심하면 그날 할 일을 다 하지 못하게됩니다. 책상 앞에 진행표를 붙여 놓고 확인해 나가는 것도 진도가 느릴 때마다 따라잡기 위한 각오에 박차를 가하기 위해서입니다.

하지만 계획대로 진도가 나가지 않더라도 실망하거나 포기할 필요는 없습니다. 많은 사람들이 실천 계획을 세울 생각조차 하지 않고 살고 있습니다. 실천 계획을 세우고 노력하는 것만으로 이미 성공의 가능성이 높아진 셈입니다.

내 경험을 돌아보면 죽어라고 노력했을 때도 당초 계획한 양의 80퍼센트 이상을 달성하기가 힘들었습니다. 처음에는 아무리 노력해도 진도가 밀려 실망하기도 했지만 끝까지 참고 노력한 결과, 당초 계획한 노력의 80퍼센트만 달성해도 최상의 결과를 얻을 수 있었습니다. 나에게는 귀중한 경험이었습니다. 결과로 검증된 경험 덕분에 나는 진도가 밀릴 때도 초조해하거나 불안해하지 않고 노력을 계속할 수 있게 되었습니다.

단, 처음에 100퍼센트의 노력을 계획했으나 실제로는 80퍼센트를 달성한 경우와 처음부터 필요한 노력의 80퍼센트를 계획한 경우는 엄연히 다릅니다. 느슨하게 세운 계획은 느슨한 노력으로 이어집니다. 성공한 사람은 처음부터 최고의 계획을 세우고 최대의 노력을 기울입니다.

계획했던 일이 자꾸 밀릴 때는 중간에 내용을 조금 수정해도 괜찮습니다. 밀린 상태로 끌려가다 포기하는 것보다는 진도를 현실적으로 조정해서 최선을 다하는 편이 낫기 때문입니다.

세상은 100퍼센트를 달성하라고 요구하지 않습니다. 최선을 다할 것을 요구할 뿐입니다. 세상은 우리를 절대적 기준이 아니라 상대적 기준으로 평가한다는 사실을 기억해야 합니다. "이렇게까지 해야 하나."라는 생각이 들 정도로 열심히 하고 있다면 현재 진도가 미진하더라도 실망하지 마세요. 포기하지 않고 끝까지 최선을 다하는 사람은 목표한 바를 이룰 수 있습니다.

"집중력이 답이다"

성공한 사람들의 또 다른 공통점은 뛰어난 집중력입니다. 사회에서 큰 성공을 거둔 사람은 대개 집중력이 남다른 경우가 많습니다.

여성 최초의 노벨상 수상자이자, 화학과 물리학 분야에서 노벨상을 두 번이나 받은 마리 퀴리도 집중력이 좋았던 것으로 유명합니다. 그녀는 1903년에 방사선 현상을 발견한 공로로 노벨 물리학상을 받은 뒤, 방사선의 한 종류인 라듐을 발견해 1911년 다시 한번 노벨상을 받았습니다.

마리 퀴리는 한번 연구에 몰두하면 밥 먹고 잠자는 것도 잊어

버리기 일쑤였다고 합니다. 딸 이렌 퀴리에게 마리 퀴리는 이렇게 말하곤 했습니다. "공부를 할 때는 끝까지 파고들어야 한단다. 모르는 것이 있는데 그냥 넘어가서는 안 돼." 그런 집중력이 대물림되었는지 이렌 퀴리 역시 어머니의 뒤를 이어 노벨상을 받았습니다.

집중력이 좋은 사람들은 대개 한 번 시작한 일은 끝장을 보겠다는 각오로 밀어붙입니다. 나도 공부에 한창 집중했을 때는 좀처럼 자리를 뜨지 않습니다. 배가 고픈 것도, 화장실에 가고 싶은 것도, 옆에서 누가 시끄럽게 떠드는 것도 잊은 채 집중한 상태를 이어 갑니다. 엉덩이를 의자에 강력 접착제로 붙여 놓은 듯한 기분이 들 정도이지요.

언젠가 한 분이 팬이라면서 "변호사, 펀드 매니저, 방송인 등 몸이 몇 개라도 모자랄 것 같은데, 체력이 굉장히 좋은 것 같습니다." 하고 말씀하신 적이 있습니다. 하지만 내가 그 많은 일들을 할 수 있었던 것은 체력이 좋아서가 아니라 집중력이 좋아서입니다.

집중력과 체력은 완전히 다른 문제입니다. 체력은 한 사람이 가진 에너지의 총량이고, 집중력은 한 분야에 쏟는 에너지의 양입니다. 에너지 총량이 100인 사람과 50인 사람은 체력 면에서는 비교가 되지 않습니다. 에너지 총량이 100인 사람이 절대적으로 유리하지요. 하지만 문제가 집중력으로 넘어가면 결과가 달라질 수 있습니다.

예를 들어 에너지 총량이 100인 사람이 열 가지 일에 에너지를 분산하면 한 분야에 쏟는 에너지는 10에 불과합니다. 반면 에너지 총량은 50에 불과하지만, 한 분야에 그 에너지를 모두 쏟아부을 경우, 이 사람이 그 일에 들이는 에너지의 양은 앞 사람의 5배나 됩니다. 아무리 체력이 좋고 에너지가 넘치는 사람이라도 집중력이 있는 사람은 당할 수가 없습니다.

공부할 때 이성 친구, 외모, SNS, 패션 같은 데 정신을 분산하는 학생과 오로지 공부에만 집중하는 학생을 생각해 보면 금방 이해가 될 것입니다.

집중력은 에너지를 어디에 쓰느냐의 문제이지, 에너지가 많고 적음의 문제가 아닙니다. 사실 에너지가 아무리 많은 사람이라도 모든 일을 다 잘하는 것은 불가능합니다. 우리가 쓸 수 있는 에너지는 한정되어 있으므로, 한 곳에 집중하면 다른 곳에 집중할 에너지는 줄어들 수밖에 없기 때문입니다.

성공한 사람은 모든 분야를 잘하는 사람이 아니라, 자신이 선택한 분야에서 뛰어난 집중력을 보이는 사람입니다. 집중할 것과 집중하지 않을 것을 구별해 에너지를 쓰기 때문에 다른 사람보다 뛰어난 성과를 보일 수 있는 것입니다.

집중은 정신적 에너지의 소모가 큰일입니다. 어떤 일에 집중한다는 것은 정신적으로 긴장한 상태를 유지하는 것이기 때문입니다. 그래서 성격이 느긋한 사람은 집중하는 데 어려움을 겪는 일이 많습니다. 집중을 하려면 마음을 조이고 정신을 바짝 차려야 하니까요.

특히 꿈을 위해 노력할 때는 결코 먼 산 불구경 하듯 해서는 안 됩니다. 불이 점차 자기 집을 향해 다가오는데도, 당장 집에 불이 붙는다는 위기감을 느끼지 못하면 노력의 때를 놓치기 쉽습니다. 옆집에 불이 붙은 다음에는 다급해해 봐야 늦습니다.

시험이 1년 정도 남았을 때는 시간이 아주 많이 남은 것 같습니다. 하지만 그렇게 생각하면 절대 집중할 수 없습니다. 때를 놓치지 않고 움직이려면 평소에 느끼는 긴장감보다 한걸음 먼저 움직여야 합니다. 긴장하지 않으면 안 된다고 느낄 때 긴장하기 시작하면 한 박자 늦습니다. 시간에 여유가 있다고 느낄 때 움직여야 합니다.

강한 집중력은 절박할 때 나옵니다. 반드시 이루어야 한다는 필요성과 필사적인 결의가 합쳐져야 집중해서 노력할 수 있습니다. 우리나라에 온 외국인은 시골에 사는 사람일수록 우리말을 잘한다고 합니다. 서울에서는 영어로 이야기할 수 있는 사람이 많아 구태여 우리말을 쓸 필요가 없지만, 시골에서는 영어로 말할 수 있는 사람이 별로 없기 때문에 살기 위해서라도 기를 쓰고 우리말을 배워야 한다는 것입니다.

꿈을 이루기를 간절히 바라는 사람은 절실한 마음으로 노력하기 마련입니다. 절실한 노력은 집중력을 부르고, 집중하다 보면 자기도 모르는 새 문제를 해결하는 데 필요한 아이디어를 생각해 낼 수 있습니다.

잘 풀리지 않는 수학 문제의 풀이 방법을 내내 고민하다가 잠이 들면, 꿈에서 그 문제를 푸는 방법을 알게 되는 경우가 있습니다. 이것이 간절함이 부른 집중력의 힘입니다. 불교에서는 이를 '돈오돈수頓悟頓修'라고 합니다. 항상 화두를 붙잡고 집중하다 보면 어느 순간 천지가 열리는 깨달음이 온다는 뜻이지요. 매 순간 꿈을 이루고자 집중하면 당면한 과제가 아무리 힘들고 어려워도 반드시 해결 방법을 찾을 수 있습니다.

꾸준한 노력이 타고난 재능을 이긴다

"독서백편의자현讀書百遍義自見"이란 말을 들어 보셨나요? 중국 후한 헌제 때의 학자 동우董遇가 한 말로, '책이나 글을 백 번 읽으면 그 뜻이 저절로 이해된다'는 뜻입니다.

여기서 백 번이란 의미를 알 수 있을 때까지 되풀이해서 읽는다는 것을 뜻합니다. 즉 무엇이든 끈기를 가지고 노력하면 목적하는 바를 이룰 수 있다는 것이지요.

누구나 반복하면 잘할 수 있습니다. 나는 누구보다 반복의 힘을 믿습니다. 기억력이 신통치 않은 나는 늘 콩나물을 기른다는 기분으로 공부했습니다. 집에서 콩나물을 길러 본 사람은 다 알

겠지만, 시루에 콩을 깔고 물을 부으면 물은 밑으로 빠지고 콩은 그대로 있습니다. 그런데 매일 물을 붓다 보면 신기한 일이 일어납니다. 2주 정도 후부터 싹이 나고 자라서 먹을 만한 콩나물이 되는 것입니다.

기억력도 마찬가지입니다. 집중해서 되풀이하다 보면 콩나물이 자라듯 기억력이 자랍니다. 기억력이 좋지 않다고, 금방 잊어버린다고 기죽을 필요 없습니다. 다른 사람들도 다 그렇습니다. 어떤 것을 기억하려면 여러 번 잊어버리고, 다시 외우기를 반복해야 합니다. 이해하는 것도 마찬가지입니다. 사람들은 수학이나 과학 같은 과목은 이해하면 된다고 생각하지만, 이해력도 반복해야 자랍니다. 수학 문제도 저절로 풀이 방법이 떠오를 정도로 반복해서 풀어 봐야 합니다. 다양한 문제를 여러 번 반복해서 풀다 보면 문제가 조금 변형되어 나오더라도 마치 이미 풀어 본 것처럼 풀이 방법이 생각납니다.

아무리 어려운 일도, 집중해서 반복하면 결국에는 잘하게 됩니다. 머리를 쓰는 일만 그런 것이 아닙니다. 스포츠도 반복의 예술입니다. 골프 선수들이 제대로 스윙을 할 수 있으려면 1만 번 이상의 연습이 필요하다고 합니다. 그때그때 머리로 생각해서 몸을 움직이는 것이 아니라, 골프채를 잡는 동시에 저절로 몸이 움직일 수 있을 만큼 반복해서 스윙 연습을 하는 것입니다.

일회성으로 열심히 하는 것은 결코 노력이라고 할 수 없습니다. 노력은 꾸준한 반복을 마다하지 않는 것입니다. 하지만 반복한다고 무조건 나아지는 것은 아닙니다. 아무 생각 없이 기계적으로 되풀이하는 경우에는 반복 횟수가 많아도 속도가 더디고 결과물도 신통치 않습니다. 더 잘하고자 마음먹고 집중해서 반복해야 노력하는 대로 좋은 결과를 낳을 수 있습니다.

21세기는 오랜 시간에 걸쳐 지식과 경험을 열정적으로 쌓아가는 사람이 성공하는 시대입니다. 이제는 천재도 노력 없이는 성공할 수 없습니다. 타고난 재능을 믿고 노력하지 않는 사람은 시대의 흐름을 모르는 어리석은 사람입니다. 열정과 집중력을 갖고 노력을 쌓아 가는 사람만이 자신의 운명을 바꾸고 더 나은 미래를 손에 넣을 수 있습니다.

성공을 위한
버전 업 전략

성공을 위해 꾸준히 노력하고 달라지는 것을 나는 '버전 업 version-up 전략'이라고 부릅니다. 원래 버전 업은 하드웨어나 소프트웨어가 향상될 때 번호를 올리는 것을 말합니다. 기능이 추가되거나 성능이 향상될 때마다 번호가 올라가지요. 한마디로 버전 업이란 계속 나아지는 것입니다.

나는 버전 업을 생활화하고 있습니다. 글도 버전 업으로 씁니다. 글쓰기를 시작해서 맨 처음 저장하는 글은 버전 1입니다. 조금씩 써 나가면서 저장할 때마다 버전 2, 버전 3처럼 계속 번호를 올립니다. 어떤 문서라도 작업을 마친 다음에는 새로운 번호를 붙여 저장합니다. 종전 버전은 삭제하지 않고 'old'라고 이름 붙인 폴더에 넣어 둡니다.

글은 한 번으로 완성되지 않습니다. 다시 읽으면서 더 나은 표현, 더 적합한 문구, 더 좋은 문장으로 고쳐 나가야 합니다. 마음에 들도록 글이 마무리될 때쯤이면 'old' 폴더에 낮은 버전의 글이 수십 개 차게 됩니다.

　나는 타고난 글쟁이가 아니기 때문에 일필휘지로 글을 완성하지는 못합니다. 그저 꾸준히 버전 업을 하면 좋은 글이 나온다는 것을 믿을 뿐입니다. 보통 사람들이 글재주가 없다고 단정하고 지레 포기할 때, 나는 버전 업을 믿고 글을 꾸준히 고쳐 나갑니다.

　성공한 사람은 소질을 타고난 사람이 아니라, 버전 업 전략을 체득하고 실천하는 사람입니다. 버전 업에는 시간이 걸립니다. 아무리 노력해도 당장은 큰 변화를 느낄 수 없습니다. 하지만 버전 업을 믿고 인내하며 꾸준히 노력하면 성과를 올릴 수 있습니다.

　잘해 보려고 마음먹고 되풀이하는 데 나아지지 않은 일은 거의 없습니다. 아무리 어려운 일도 백 번 궁리하다 보면 개선책이 떠오릅니다. 불가능해 보이던 일도 해결할 수 있습니다. 가능한 방법, 더 나은 방법을 찾으려고 노력하다 보면 결국 가장 좋은 쪽으로 수렴되기 때문입니다.

　공부에도 버전 업 전략이 통합니다. 공부는 그저 책상에 죽치고 앉아 무식하게 하는 거라고 생각하는 사람이 많지만, 결코 그렇지 않습니다. 공부 시간을 더 많이 확보하려면 어떻게 해야 하는지, 더 좋은 공부 방법은 없는지 궁리하고 실천해서 버전 업 해야 합니다.

평범한 능력의 사람이 천재와 같은 결과를 만들 수 있는 방법은 꾸준히 스스로를 버전 업 하는 것뿐입니다. 버전 업을 하다 보면 보통 사람도 천재적 소질이 있다는 말을 들을 수 있습니다.

발명가 에디슨은 "천재는 1퍼센트의 영감과 99퍼센트의 땀으로 이루어진다."고 말했습니다. 여기에 나는 "1퍼센트의 영감조차 노력 없이는 얻을 수 없다."고 덧붙이고 싶습니다. 영감은 끊임없이 노력하는 사람에게 찾아오는 일종의 보너스입니다. 당장 안 되는 것처럼 보여도 백 번 시도하고, 꾸준히 버전 업을 하면 문제를 해결할 방법이 영감처럼 떠오르는 법입니다.

다시 꿈꾸는 것을 가능하게 해 준 내 인생의 멘토

고등학교 입학 당시 제 성적은 전교 465명 중 244등이었습니다. 나름대로 열심히 공부했지만 성적은 제자리걸음이었고, 고등학교 2학년 겨울 방학 무렵 이미 저는 '인 서울'을 포기한 상태였습니다.

그때 우연히 만난 고승덕 변호사님의 책은 제 인생에 극적인 전환점이 되었습니다. 한 번뿐인 인생을 스스로에게 부끄럼이 없이 최선을 다해 살고 싶다고 생각하게 된 것입니다. 고등학교 3학년 내내 저는 '절벽에 매달린 심정으로 공부했다'는 고 변호사님의 말을 되새겼습니다. 가장 자신 없는 과목이었던 수학은 고 변호사님의 '콩나물 공부법'에 따라 참고서를 10번 이상 반복해 풀었습니다. 그렇게 무엇이든 6개월을 매달리면 잘하게 된다는 고 변호사님의 말씀은 저에게도 '진리'가 되었습니다. 1년 후 저는 수능 수리 영역에서 상위 1퍼센트에 해당하는 96점을 받아 서울대 소비자아동학부에 입학했습니다.

고 변호사님의 가르침은 이후에도 계속 저에게 영향을 미쳤습니다. 당장 중요한 듯이 보이는 일보다 지금 할 수 있는 일들을 하라는 't1t2 판단법'에 따라 저는 대학 시절 여러 소비자 단체에서 자원봉사를 했습니다. 2009년에는 미소 금융 서초 지점에서 자원봉사를 하다가 우연히 고승덕 변호사님을 직접 만나 뵙기도 했습니다. 그 일을 계기로 고 변호사님이 대표로 계시는 청소년 단체 '드림파머스'에도 참여했습니다.

지금 저는 성균관대 로스쿨에서 소비자 법에 관해 공부하고 있습니다. 전공인 소비자 운동이나 NGO 활동에서 법률적 지식이 중요하게 쓰일 것이라고 생각해서이기도 하지만 멘토인 고 변호사님의 영향도 컸습니다.

젊은 시절 읽은 책 한 권이 한 사람의 인생을 얼마나 바꾸어 놓을 수 있는지 놀랍기만 합니다. 어떤 꿈을 갖고 어떻게 노력해야 자기 인생의 주인공이 될 수 있는지 알고 싶어 하는 청소년들이 이 책을 통해 많은 도움을 받을 수 있기를 바랍니다. 제가 그랬듯이, '꿈꾸며 노력하면 이루어진다'는 고 변호사님의 말씀을 여러분도 이룰 수 있을 것입니다.

2013년 5월 박우철

지은이 고승덕

서울대 법대 재학 중에 고시 삼관왕(사법 시험 최연소 합격, 행정 고시 수석, 외무 고시 차석)이 되었다. 서울대 법대를 수석으로 졸업하고 예일대와 하버드대에서 법학 석사 학위(LL.M.)를 받았으며, 컬럼비아대에서 법학 박사 학위(J.D.)를 받았다. 세계 최대 법률 회사인 베이커 앤 매킨지에서 일했으며 SBS「솔로몬의 선택」, KBS「생생 경제 연구소」 등을 진행했다. 18대 국회의원을 지냈고 현재 청소년 단체 '드림파머스' 대표, '한국 청소년 발전 포럼' 공동 대표를 맡고 있다. 2012년부터는 다애다문화학교 교사로도 봉사하고 있다. 저서로『포기하지 않으면 불가능은 없다』,『고변호사의 주식 강의』1~3권,『주식 실전 포인트』,『고승덕의 ABCD 성공법』 등이 있고 역서로『아빠는 너희를 응원한단다』가 있다.

꿈으로 돌파하라!
청소년을 위한 고승덕의 ABCD 성공법

1판 1쇄 찍음 2013년 5월 10일
1판 5쇄 펴냄 2014년 5월 15일

지은이 고승덕
발행인 이무경
펴낸곳 개미들출판사
출판등록 2002년 2월 6일 제22-2096호

총판 마켓데이(유)
전화 02-595-3495
팩스 02-595-3197

ⓒ고승덕, 2013

ISBN 978-89-967530-1-8 43320
값 14,000원